JALの奇跡

稲盛和夫の善き思いがもたらしたもの

日本航空元会長補佐
大田嘉仁
OHTA YOSHIHITO

致知出版社

まえがき

航空業界という花形産業の中にあり、日本を代表する国際企業としてその名声を謳歌してきた日本航空が、いつしか赤字に苦しむようになり、ついには事業会社としては戦後最大の二兆三千億円余りの負債を抱え倒産し、世界を驚かせた。二〇一〇年一月のことである。「驕《おご》る平家は久しからず」と言われるように、そこに驕りがあったことは間違いない。驕る日本航空に対する国民の視線は厳しく、再建は不可能だと多くの識者は断じていた。

その日本航空は一年後には、過去最高の千八百億円を、二年後には二千億円を超える営業利益を上げ、世界で最も高収益な航空会社の一つとなった。二〇一二年九月には、再上場を果たし、その結果、再建にあたり三千五百億円を出資した企業再生支援機構は三千億円を超えるキャピタルゲインを得ることになり、国家財政にも大きく貢献した。そして日本航空は現在も高収益を維持している。

再建のスピードがあまりにも速く、何か裏で特別な優遇措置が取られたのではないかとの疑いも出てきたほどである。しかし、法治国家である日本で、しかも会社更生法が適用され、裁判所管轄のもとで再建が進められた日本航空で、そのようなことができるはずはない。

倒産したことによって、社員の危機感が高まり、それをバネにして、再建が進んだという見方もある。しかし、危機感があれば、倒産しないはずである。これまでの歴史が証明しているのは、会社更生法が適用された多くの企業では、倒産したことにより社員の心が荒《すさ》み、さらに経営が悪化してしまうということであり、実際に多くの企業が再建に失敗している。

では何が起きたのか。

本書では、私見を述べさせていただいている。私は、大変幸運にも、稲盛和夫さんという無私の経営者の近くで二十五年ほど仕事をしてきた。特に、日本航空の再建では、主に意識改革担当として、三年間、ご一緒させていただいた。そこで、私が感じたことは、痛み傷ついていたＪＡＬの社員の心が、見る見るうちに健全な心へと甦っていったということである。倒産という極限の状況に置かれながらも、一致団結し、明るく前向きに再建に取り組んだ。人間という集団が善き思いをもち、心を一つにして取り組めば、想像を超えるような力を発揮できるということを私は実感することができた。なぜそれができたのか。それはリーダーである稲盛さんに、誰から見ても納得できる、全く疑いようもない純粋な善き思い、途方もないほどの大きな愛があったからとしか説明はできない。世界中に企業を再建した経営者は数多くいる。しかし、初めから無報酬を条件とし、高齢であるにもかかわらず、誰よりも誠実に真剣に再建に取り組み、成功しても、一円の対価も求めず、しかも、成功すると自らすぐにその地位を退いた経営者はいないのではないだろうか。そのようなリーダーの姿を見て、その善き思い、愛に触れて、当事者である全社員が奮い立ったのである。

本書では、稲盛さんの経営哲学の根幹となる「成功方程式」を縦軸に、稲盛さんのエピソードや私自身の意識改革の取り組みも紹介しながら、稲盛さんの純粋な善き思いが、如何《いか》にＪＡＬを変え、再生が進められたのかをできるだけ詳しく述べてきたつもりである。奇跡的と形容される日本航空の再建の背景をご理解いただき、読者の方々の生き方に何がしかのヒントになるものがあれば、望外の幸せである。

ＪＡＬの奇跡＊目次

第二章　稲盛経営哲学　成功方程式とは何か

第三章　なぜＪＡＬは経営破綻したのか

第四章　意識改革

第五章　リーダーから変える

第六章　全社員の意識を高め、一体感を醸成する

第九章　愛情と真剣さ――稲盛さんのリーダーシップ

装幀――秦浩司（hatagram）
編集協力――柏木孝之

プロローグ

◉JAL破綻と稲盛さんへの会長就任要請

二〇一〇年一月十九日、経営不振と債務超過を理由として日本航空（JAL）は東京地方裁判所に会社更生法の適用を申請し経営破綻した。西松遙《はるか》社長以下取締役は即日辞任し、企業再生支援機構の支援のもと再建がスタートした。

日本航空は戦後の高度経済成長を象徴する企業であった。日本経済の国際化と軌を一にして成長を続け、世界に冠たる日本のナショナル・フラッグ・キャリアとして華やかなイメージを築いていた。機体に描かれた鶴丸のマークは、国民に親しまれて、パイロットやCAは誰もが憧れる職種であり、大学生の就職企業人気ランキングでは常に上位にランクインする会社でもあった。

その日本を代表する企業が、総額二兆三千二百二十一億円という事業会社としては戦後最大の負債を抱え倒産したのである。それは、新春の日本に、衝撃を与える大きなニュースとなった。

日本航空の経営危機が報道されるようになった時、私はまさか自分がその再建に関与することになろうとは想像すらしていなかった。それが一変することになったのは、言うまでもなく、京セラの名誉会長であった稲盛和夫《いなもりかずお》氏（ここでは以後稲盛さんと呼ぶ）が二月一日付で代表取締役会長に就任することになったからである。

当時のことを少し振り返ってみたい。二〇〇八年、世界経済はリーマンショックを発端とし、厳しい世界同時不況に陥っていた。世界的な金融機関が次々に破綻し、日本も未曽有の不況に見舞われていた。それまでも低迷していた日本航空は、特に大きな打撃を受け、翌年になると、もしかしたらこのまま倒産するのではないかという報道もなされるようになった。日本を代表する国際企業の一つでもあり、政府も対策を考え始めるようになる。従来であれば、国が支援できたかもしれないが、日本中の企業が不況で苦しんでいる時に、すでに純民間企業である日本航空だけを優遇することはできない。

年末には、倒産やむなしという声が大勢を占めるようになる。その場合、会社更生法適用を申請し法的に倒産させ、裁判所管轄のもと再建を目指すべきだが、そのトップに誰を据えるかが大きなテーマになっていた。

稲盛さんの名前が候補者として報道されることもあったが、稲盛さん自身は「万が一、依頼があっても受けない」と話されていた。実際に、管轄官庁である国交（国土交通省）大臣や企業再生支援機構の方が稲盛さんのもとを訪ね、会長就任を打診しても、「自分は航空業界のことは何もわかっていないし、高齢でもあるので、何を言われても受けることはありません」「新聞にはいろいろな人の名前が出ているので、そういう人に頼んだらいいじゃないですか」と頑なに断っていた。

しかし、相手も簡単にあきらめない。ＪＡＬを取り巻く環境は悪化を続け、いよいよ倒産がカウントダウンという状況になったところで、

「まだ誰にも頼んでいないのです。もし稲盛さんに引き受けてもらえないのなら、会長空席のまま再出発します。そうなれば再建は失敗するでしょう。それでもいいのですか。稲盛さんしか再建できるリーダーはいません」

と脅しのような言葉で、会長就任を迫ってきた。

それを聞いて稲盛さんは唸ってしまった。その場では「考えさせてください」と返事をしたが、年が明けた一月になって、「全力を尽くしますがＪＡＬ再建に一〇〇％専念できるわけではないので、無給にしてほしい」という条件を付けて、受諾する決

心をされたのである。

◉三つの大義と善意

周囲の人間は皆、稲盛さんの決断に反対した。第一に年齢の問題がある。そのとき稲盛さんは七十七歳で、すぐに七十八歳になる。稲盛さんが六十代なら成功するかもしれないが、八十歳前では体力も気力も続かないだろうという人も多かった。不可能と言われていたＪＡＬ再建を引き受けることによって晩節を汚すことになるのではないかと危惧する声もあった。ご家族の方も京セラの人間ももちろん反対していた。

ＪＡＬが経営不振に陥った時から、マスコミの論調は厳しかったのだが、稲盛さんの会長就任でさらに激しさを増した。「航空業界について何も知らない、しかも経営者としてのピークを越えた高齢の稲盛さんをトップに据えて再建できるはずがない。二次破綻必至だ」という批判が続いた。無給にしてもらったことも、責任感のなさの表れと否定的にとられ、「パートタイムＣＥＯ」と揶揄された。ＪＡＬという会社の特殊性も盛んに報じられた。親方日の丸で行政官庁の官僚組織以上に官僚的な体質があり、しかも組合がいくつもある。そんな会社の再建は誰もできないというのである。

成功する保証は全くない。マスコミは失敗すると断じている。そうなれば、これまで築きあげてきたものをすべて失うだろう。損得で判断すれば何も得するものはない状況だった。しかし、稲盛さんはあえて火中の栗を拾う道を選んだ。それは稲盛さんの「世のため人のために役に立ちたい」「日本航空の社員を助けてあげたい」という善意、そして頼まれた以上逃げるわけにはいかないという義侠心の表れというしかない。たとえ自分の命をＪＡＬに差し出してもかまわない、それで晩節を汚すようになろうとも仕方がない、そのくらいの決意で受けられたように思う。覚悟を決められた後の稲盛さんの顔は全く迷いのない、すがすがしいものだった。

しかし、世間はそれでは納得しない。何か別の目的があるのだろう、政府から特別の支援があるのではないかと勘繰られることになった。これは後日談になるが、ＪＡＬ再建に成功した後、私は経営不振に陥っていたある一部大手上場企業から講演を頼まれた。「なぜＪＡＬの再建は成功したのか」を聞きたいというのである。稲盛さんにも相談をして、話をしに行くことになった。

私が一通りの経緯を話したところで、その会社の幹部が質問をした。「結局、稲盛さんや大田さんはＪＡＬで何が欲しかったのですか。本当の目的はなんだったのですか」と。一瞬何を言いたいのかわからなかったので聞き返すと、「何もメリットがないのに、無償であんな大変な仕事を引き受けるわけがないでしょう」と言うのである。なるほど、世間はそのような見方をしていたのかと初めて思った。その場で、稲盛さんが引き受けたのは、損得ではなくて、一〇〇％善意によるものだといくら説明しても、その幹部は最後まで納得しなかった。

善意だけで引き受けるわけがない——それが世間の一般的な見方であったということだろう。

稲盛さんは、その善意の裏付けとして、ＪＡＬ会長に就任した際に、再建を目指す「三つの大義」を説明している。その三つの大義とはどういうものか。

第一は、日本経済への影響である。ＪＡＬの凋落は日本経済がバブル崩壊から衰退していく象徴のようでもあった。かつて世界一の航空会社だったＪＡＬが二次破綻でもすれば、日本はもうだめだと世界中から見られてしまう。それはなんとしても防がなくてはならない。これが第一の大義である。

第二は、社員の雇用を守らなくてはならないということである。すでに作られていた再建計画に基づき多くの人員整理が予定されていたが、二次破綻すれば残された約三万二千人の社員全員も職を失ってしまう。残った社員の雇用だけはなんとか守らなくてはいけない。これが第二の大義である。

第三は、健全な競争がないと資本主義経済は機能しないということである。ＪＡＬが二次破綻すれば、日本の大手航空会社は一社になってしまう。そうなれば競争はなくなり、運賃は下がらず、サービスも劣化するかもしれない。それは国民や利用者のためにもよくない。これが第三の大義である。

ＪＡＬ再建にはこのような三つの大義がある。この大義のために自分は会長職を受けると稲盛さんは覚悟を決めたのである。その根底にあったのはあくまでも純粋な善意、利他の心であった。私は稲盛さんとともにＪＡＬに行き、その再建までのプロセスを間近で見てきたが、私利私欲が全くなく、この三つの大義のために必死で取り組んだからこそＪＡＬ再建は成功したのだと信じて疑わない。

この「世のため人のために役立ちたい」「善きことを思い、善きことをなしたい」という考えは、稲盛さんの経営哲学の根底に岩盤のようにある。それはどんなことがあっても変わらない。

そのような一見すると甘い考えで、事業を成功させたり、再建を成し遂げられるはずはないと思われるかもしれない。しかし、善意を貫くことほど難しいことはない。たとえ善意で始めたとしても、人間の心は弱く、そんなに苦労をするならばと、いつの間にか損得で判断してしまうことも多い。だが、純粋な善き思いを貫けば、人の心に大きく響く。だから結果としては、成功するのである。

本書では、ＪＡＬ再生のプロセスを一つの事例として紹介しながら、そのような純粋な善き思いをベースとした経営とはどういうもので、なぜそれがうまくいくのかということを私が理解している範囲でお伝えできればと考えている。

第一章　縁に導かれて

◉同じ町内に生まれ、同じ環境の中で育つ

最初に簡単な自己紹介と稲盛さんとのご縁について説明させていただきたい。私は一九五四年に鹿児島市薬師町で生まれた。ここは薩摩藩の武家屋敷があった場所で、西郷隆盛や大久保利通など維新の立役者の生家も遠くない。私が通っていた西田小学校の裏手には自彊《じきょう》学舎という薩摩藩時代から続く郷中教育を行う施設もある。そういう島津さんや西郷さんの教えが強く残る町だった。

よく知られているように稲盛さんも鹿児島出身である。ご両親はもともと市街地からやや離れた小山田というところにおられたようだが、お父さんが印刷業を始めるために出てきたのが薬師町だった。そこの旧武家屋敷跡を買って住むようになったとお聞きしている。

私が京セラに入社した時、稲盛さんが鹿児島出身だとは聞いていたが、鹿児島のこの生まれかは知らなかった。国分や川内に京セラの工場があったから、そのあたりの生まれではないかという噂を聞いた。入社数年後、親戚から、稲盛さんの実家は、私の実家と歩いて十分も離れていない同じ町内にあり、通っていた小学校も同じ西田

小学校だと教えてもらい、驚いたことを覚えている。秘書になった時、稲盛さんから「お前はどこの生まれか」と聞かれ、「同じ町内です」と答えた時は、稲盛さんもびっくりしていた。

西田小学校の校長室には西郷隆盛の「敬天愛人」の書が掛かっていた。校訓は「強く、正しく、美《うるわ》しく」というものであり、先生方は「負けるな」「嘘をいうな」「弱い者いじめをするな」と繰り返し教えていた。何より、実践することが尊ばれ、「泣こかい　飛ぼかい　泣こよか　ひっ飛べ」と、勇気をもって前に進むよう教えられていた。その後通った城西中学校は、稲盛さんの実家のほぼ隣である。

私が進学した鶴丸高校では「For others」、つまり、人のために役立つような人間を目指しなさいと、利他の大切さを教えていた。おそらくその時初めてこの言葉を聞いたように思うが、その意味を深く理解したわけではない。しかし、この「For others」という言葉は響きもよく、いつの間にか心に刻まれ、稲盛さんから利他という言葉を聞いても自然に受け入れられたように思う。

どういう理由かはわからないが、鹿児島は「生長の家」の活動も盛んな地域でもあった。稲盛さん自身も子供の頃にその影響を受けられたとのことだが、信者ではなかったが私の家にも「生長の家」の本や雑誌があったので、例えば「心の在り方で人生は変わる」とか「現実に表れる事象は心の反映だ」というような考え方もいつの間にか身についていた。

私と稲盛さんとは二十二の年齢差があり、戦前と戦後生まれという大きなギャップはあるが、同じ町内に生まれて同じような風土の中で育ったため、基本的な考え方に共通点も少なくないように感じている。そんな稲盛さんの近くで社会人人生の大半を過ごすようになったというのは、縁としかいいようがない。私はその縁を心から感謝している。

◉思いは必ず実現する

私は、子供の頃から、アメリカのテレビ番組や冒険小説などの影響もあったと思うが、欧米の豊かな生活にあこがれ、それが実際どのようなものなのか知りたいと強い好奇心をもっていた。英語や世界史、地理などを学ぶようになるとそれはさらに高まり、インターネットのような便利なものがない時代、英語もろくにわからないのに、短波放送などを通じて生の海外の情報を入手しようと必死になっていた。

高校では、思い切って交換留学生にも応募したが、受験に専念すべきだと認めてもらえなかった。そうであれば、大学入学後は、自分の力で一年間海外の生活を経験してみたいと強く願うようになった。しかし、当時は一ドル三百円の時代であり、渡航費も海外での生活費もべらぼうに高く、普通の学生が、自己負担で海外に行こうとすることは荒唐無稽だと思われていた。

その夢を実現するためには、まず資金を準備しなくてはならないが、親の支援は期待できない。そこでいろいろと調べてみると、私学で自宅外通学であれば、結構な奨学金がもらえることがわかった。その奨学金とアルバイトでお金を貯めれば一年くらい海外に行けるのではないか、そんな不埒な考えで、当時最も授業料の安かった京都の立命館大学経済学部に進学することにした。

担任の先生は、私がそのような不純な動機で大学を選んだことに最後まで反対し、入学後も、進学指導教官の息子でクラスメートだった友人がわざわざ京都まで「何を考えているんだ。お前は浪人をして、再受験をすべきだ」と説得しにきた。それを聞き、逆に私は自分の選択を正当化するためにも、どうしても海外に行かなくてはならないという思いを強くした。

アルバイトに精を出し、奨学金を貯め、また家族からの支援も得て、一九七五年三月、三回生になる時、一年間休学し、日本を発った。二十歳の時だった。海外の大学で学び、米国、欧州、中近東、アジアなど見て回ることができた。ぎりぎりの資金しかもち合わせていない貧乏学生であり、旅行者であったが、本や教科書だけではわからない、多くのことを学び経験することができた。

その中でも、留学中や旅の途中で、人々の優しさ、思いやり、善意に触れられたのが最大の財産かもしれない。一九七六年二月、最後の訪問地フィリピンから日本に帰ってきた時、「世界にはいい人しかいない」「夢は願えば実現できる」と感じていた。この経験は、その後の私の人生にとってかけがえのないものとなった。

◉燃える集団に飛び込む

大学に復学し間もなく就職のことを考えるようになる。海外志向の強かった私は総合商社に入りたいと考えていたが、鹿児島出身の稲盛さんという人が京都で創業した京セラという会社が急成長しており、しかも鹿児島に主力工場があると聞いた。輸出比率も高く、海外展開も積極的に進めているという。関心があったので、四回生の夏休み、帰省していた私は友人と京セラの国分工場を訪問した。アポイントなしにもかかわらず、工場長が会ってくれ、「京セラはいい会社ではあるけれど、簡単には入れないよ」と教えてくれた。それが京セラとの最初の出会いである。

私はそれでも京セラに願書を出し、当時社長の稲盛さんなどの面接も受け、合格することができた。入社してみると、世間知らずの新入社員には驚くことばかりであった。急成長を続けていることもあり、先輩社員はみんな深夜まで働いており、あちらこちらで怒鳴り声が聞こえるような、ある意味殺気立った、また熱気溢れる職場だった。

私は希望通り海外営業部に配属され、ファインセラミック製品の主に北米営業を担当することになった。その部門は先輩と私の二人しかおらず、とにかく忙しいため、先輩は一か月ほど私に基本的なことを教えると「後は任せる」と言った。これは私だけでなく、当時の京セラでは、どの職場でも先輩が面倒を見るのは最初の数か月間だけで、あとは「自分で学べ」「経験しろ」「問題があれば直ぐに相談しなさい」というのが普通であった。

今では許されないことだが、当時は、毎晩十二時頃まで仕事をし、休日もたびたび出勤するというのが当たり前だった。ただ忙しくても、責任ある仕事が任されていたために、やらされ感はなかった。みんな無我夢中で仕事に打ち込んでおり、そのことに不平不満を言う人は少なく、職場全体が燃える集団になっていた。

◉すべての責任を自らに帰する姿に感銘を受ける

京セラに入社すると社是が「敬天愛人」という西郷隆盛の言葉であること、また経営理念が「全従業員の物心両面の幸福を追求すると同時に、人類社会の進歩発展に貢献すること」であると教えられた。ただ、その文言がもつ大きな価値を当時はほとんど理解していなかった。一方で、稲盛さんの「京セラはファインセラミックの技術があったから成長したのではなく、心の在り方を大切にして、心をベースに高い目標を目指して全員で頑張ってきたからこそ成長できたのだ」というメッセージは強烈なインパクトがあった。

また、後で詳しく説明する「人生・仕事の結果＝考え方×熱意×能力」という「成功方程式」も入社早々教えてもらった。誰にもわかるはずがない人生や仕事の結果を方程式という算式で合理的に導き出せるという発想にまず驚いた。自分の人生に当てはめても納得のいくものであり、また「考え方」や「熱意」の大切さが理論的にもわかるので感銘したのを覚えている。

入社当時の経営スローガンは「潜在意識にまで透徹する程の強い持続した願望、熱意によって、自分の立てた目標を達成しよう」というものだった。それは、先ほど述べた、自分の学生時代の経験からも「その通りだ」と感じられるものであった。

当時は、稲盛さんの講演などをまとめた「京セラフィロソフィ」という冊子が年に何回か社員に配布されていた。その中で、稲盛さんは、「仕事を進めるうえで、また人生を生きていくうえで、なぜ考え方が大切になるのか」とか、「どのような心構えで仕事を進めていくべきか」などを、ご自身の経験を交えながら説明されていた。

自分の会社の社長がどのような考え方で経営を進めているのかは当然関心がある。しかも、読んでみると、具体例も豊富で、わかりやすい。だから、強制しなくても、みんな自宅などで読み、コンパなどでも「京セラフィロソフィ」に載っていた話が話題になることも多かった。

その稲盛さんの話を直接聞き、衝撃を受けたのは、入社五、六年目の出来事である。この年京セラは業績があまり良くなかった。年末に本社在籍の国内と海外担当の営業全員が集まり忘年会が開かれたのだが、挨拶に立った営業担当の役員は機嫌が悪く、冒頭から実績が悪いのはここにいる営業の責任だと厳しい話が続いた。

そこに少し遅れて当時社長であった稲盛さんがやってきた。文句ばかり言っている役員を見て、稲盛さんは「君はもういい」と言った。それから我々に向かってこう話したのである。

「確かに今年は実績が悪い。しかしそれは全部社長である私の責任だ。君たちは一生懸命頑張ってくれたのに、私の経営がへたくそなばっかりにこういう悪い実績になってしまった。大変申し訳ない。今日は楽しい忘年会にしてほしい。そして来年はさらに頑張っていい実績を出そう」

その言葉を聞いた私はびっくりした。我々営業部員は、いくら怒られても腹の中では「景気が悪いのだからしょうがない」と思っていた。ところが社長である稲盛さんはすべての責任を自らに帰して頭を下げたのである。「これは凄い」と感銘した。「担当役員は俺たちが一生懸命やっているのに、それを疑っている。けれども、稲盛さんは信じてくれている。この人は違う」という意識をはっきりともった。

その稲盛さんの話を聞いて、我々も頑張らなければいけないと気持ちが高ぶったのはもちろんである。翌年の実績は格段に良くなった。

◉社内の海外留学制度に応募してビジネススクールへ

入社して八年目の頃、京セラでも海外留学制度を始めるとの発表があり、その中には経営大学院、所謂ビジネススクールへの留学も含まれていた。学生時代の留学で、私はビジネススクールやＭＢＡのことを知っており、またアメリカで商談をしているとＭＢＡが話題になることも多かった。もっと経営について学びたい、視野を広げたいという思いもあった。

応募するかどうか迷っていると、当時の人事部長や経理部長から相次いで「応募すべきだ」とアドバイスをいただいた。仕事も面白く、多くの仲間がいる。迷いに迷ったが、「短期的には職場には迷惑をかけるかもしれないが、必ずお返しはできるはずだ」と考え、応募することにした。

幸運にも稲盛さんなどの面接を経て社内選抜に合格し、晴れてその年唯一の留学生候補となったが、留学するとなると入学試験に合格しなければならない。そのための準備には大変苦労をしたが、結果としては、シカゴ大学など、いくつかの大学に合格することができた。その中で、私は、世界の中心地・米国ワシントンのど真ん中にあり、世界銀行やIMFが隣接しているジョージワシントン大学のビジネススクールに進学することに決めた。

職場の仲間たちは、大変迷惑をかけることになるにもかかわらず、温かく見送ってくれた。また、妻は幼い子供を連れて、私が勉学に専念できるようにと一緒に渡米してくれた。

そのビジネススクールには、世界中から集まった二千名ほどの学生が在籍しており、私と同じような企業派遣を含め日本人の留学生も大勢いた。その授業は厳しく、落伍者も多いという。ついていけるのだろうかという不安感や、給料をもらって留学しているという使命感もあり、勉強を始めたのだが、いつの間にか、自分が好きなことを学べるので面白くなってきた。

そうすると成績も良くなっていく。もしかしたらと少しは期待していたのだが、卒業式の一週間ほど前に大学から呼ばれ、首席なので表彰すると言われた時は素直に嬉しかった。卒業式で学長に表彰してもらった時、「来年は京都でお祝いの一席をもとう」との一言もあった。半信半疑だったのだが、翌年実際に京都に来られて一流料亭でご馳走になり、感激した。国籍を問わず、リーダーとは信義を重んじることを学んだように思う。

◉第三次行革審の特命秘書を命じられる

稲盛さんは、おそらくこのことで少しは私のことを知るようになったのではないだろうか。一九九〇年六月、私は本社に戻ったのだが、間もなく「稲盛会長が会いたいと言っている」という連絡があった。個別にお会いするのは初めてなので大変緊張していた私に稲盛さんは「留学で学んだことを生かして、社長のサポートをしなさい」と命じられた。その頃、稲盛さんは会長になっておられ、社長は伊藤謙介さんであった。

それから半年ほどたった頃、稲盛さんが第三次行革審（第三次臨時行政改革推進審議会）の「世界のなかの日本」部会の部会長に就任することになった。行革審は国鉄や電電公社の民営化を決めるなど、大変力のある審議会であり、当時日経連（日本経営者団体連盟）会長をされていた鈴木永二さんが会長を務めておられた。

「世界のなかの日本」部会を立ち上げる際に、鈴木会長は誰を部会長にすべきか迷っておられたという。たまたま親戚の子供に京セラの社員がいて、その方が「京セラフィロソフィ」の冊子を「大変すばらしいものだから」と見せたという。鈴木会長は、それを読み感銘を受け、「このような経営哲学をもっている人を部会長にしたい」と稲盛さんを部会長に任命することを決めたとのことだった。

この部会長就任は、それまで財界活動を殆どしていなかった稲盛さんにとって初めての公的な仕事であった。その頃、稲盛さんは第二電電（現ＫＤＤＩ）で携帯電話事業も始めており、また京セラや始めたばかりの京都賞や盛和塾の仕事もあった。だから、最も忙しい時期でもあったが、鈴木会長の指名を意気に感じ、日本の役に立つのであればと、その大役を受けられたのである。

そこで秘書が必要だという話になり、私は急きょ稲盛さんに呼ばれ、それまでの仕事と兼任で特命秘書になるように命じられた。新聞で稲盛さんが部会長に指名されたことは知っていたが、まさか自分が秘書になるとは思わなかった。

稲盛さんは、パスポートや運転免許証の有効期限延長や行政文書のA版化など、多くの実績を残し、三年間の行革の任務を終えられた。その時、私は現場に戻ると思っていたが、稲盛さんから、「これからも俺の秘書として頑張ってほしい」と言われ、正式に秘書室に異動することとなった。

◉秘書の心構えを教えられた稲盛さんの問いかけ

行革審の特命秘書に任命されて以来、稲盛さんと行動を共にする機会も増え、会議や懇親会にも同席するようになった。

その時稲盛さんは「俺とお前は一心同体でなければならない。俺の代わりに外部の人と会うことも多くなると思うが、お前が話したことを外部の人は俺の意見だと思うだろう。だから考え方も何もかも合っていなくちゃいけない」とよく言われていた。そのためにも「まずは謙虚であってほしい」とも言われた。「お前が少しでも傲慢になれば、お前の上司である俺までもそう思われる。だから、まずは謙虚さを大切にしてほしい」と。

そして「謙虚さは魔除けだ」とも教えていただいた。謙虚である限り、失敗をすることもなく、悪い人間は寄ってこないというのだ。

そのこともあってか、稲盛さんには大変気を使っていただいた。「自分は今こういう本を読んでいる」「会議ではこういう発言をした」「今日はこんな人と会った」というようなことをいつも教えてもらった。また、「あの新聞記事は読んだか、お前はどう思うか」といった問いかけもあった。少しでも、自分のことや考え方を理解してほしいと考えておられたのだと思う。

その一方で、私の意見もよく聞いていただいた。例えば行革審の非公式な会議では、同席していた私にも「お前はどう思うんだ」とメンバー同様の扱いをしていただいた。私のやる気を少しでも引き出そうとされていたのだろう。

ただ、最初の頃はあまりにも緊張し、すぐに胃潰瘍になったほどだった。しかし、稲盛さんが、要領の悪い私を少しでも育てようとしていることはひしひしと感じられた。

私の言動を見て、「謙虚さが足らない」と叱られることもたびたびあった。服装や話し方、立ち居振る舞いまで、細かい注意もよく受けた。一方で、経営哲学の大切さ、判断をする時の注意点、リーダーの在り方、人の見方、組織のまとめ方、会議の進め方など、多岐にわたって、ご指導をいただいた。その上で、要人と会う時は同席するよう言われることも増え、そこからも多くのことを学ぶことができた。

また、家族や個人的なことも気にかけてくださった。さらに、私としては当たり前のことをしているつもりでも、いつも「ありがとう」と感謝の言葉をかけていただいた。何とか秘書の役割が続けられたのは、稲盛さんの温かな思いやりを受けていたからだと思う。本当にありがたいことだと心から感謝している。

◉社員を信じる

私が秘書になりたての頃のエピソードを一つ紹介したい。

稲盛さんに社内の稟議書を見てもらった時のことである。あまり実績の良くない部門の案件だったと思うが、稲盛さんはすぐに可決した。そこで、私が「社員の言うことを何もかも信用していたら組織が無茶苦茶になるのではないですか」と質問をした。するとと稲盛さんはこう答えられた。

「俺を騙すのは簡単かもしれない。しかし、騙されても、騙されても俺は社員を信じるしかないんだ」

この言葉が非常に印象に残っている。「信じ合える仲間をつくる」と言うのは簡単だが、それを実現するのは容易ではない。生まれも違う、学歴も違う、考え方も趣味も違う。そのような赤の他人が、たまたま一つの会社に入ってきた。特に、創業当時の京セラは零細企業でしかなく、他の会社の倉庫を間借りして使っているような会社だった。そんな創業期に、優秀な社員が入ってくるはずはない。

かといって、常日頃一生懸命に仕事をしている社員から前向きな提案があっても「お前にできるはずはない」と疑い始めたら、事業は成り立たない。だから、結果として騙されることになっても、社員のやる気、善意を信じ、任せることにしたのではないだろうか。それが先ほどの言葉になったと思うのである。

京セラフィロソフィの冒頭には「心をベースとして経営する」という項目があり、それは知識としては知っていたが、実際はこのようなことなのかと感銘を受けたことを覚えている。そして、これこそが経営の要諦である「全員参加経営」のベースになるのである。

◉善意で始めた日米21世紀委員会

次に、稲盛さんが主導して始められた「日米21世紀委員会」について紹介したい。

第三次行革審が終わった当時、日本経済はまだ強く、巨額の対米貿易黒字を抱え、日米関係はギクシャクしていた。その日米関係を民間の手で少しでもよくしようという純粋な思いで稲盛さんは米国を代表するシンクタンクＣＳＩＳ（戦略国際問題研究所）と一緒に「日米21世紀委員会」を立ち上げた。この委員会はアメリカ側では、名誉委員長がジョージ・ブッシュ元（父）大統領、委員長が労働長官やUSTR代表を務めたウイリアム・ブロック氏で、日本側の名誉委員長が宮澤喜一元総理、委員長がのちに経済企画庁長官も務めた堺屋太一氏と、日米とも錚々《そうそう》たるメンバーが委員に就任していた。

私は、事務局を担当したのだが、二年近くの準備期間を経て、一九九六年六月から二年間で四回の委員会を日米両国で開催することができた。稲盛さんは事前の会議を含め、常に「相手を思いやることを忘れずに、譲歩すべきは譲歩するような寛容さを日米両国はもつべきだ」と主張された。米国側のメンバーの中には経営者である稲盛さんのそのような意見に驚いた人もいたようだ。しかし、角を突き合わすような議論では、どんな問題も解決できないのは当然なので、互いに尊重しあうような姿勢がまず必要だという稲盛さんの見識に、皆、敬意を示していた。

最終的には、「自由社会に生きる者は、社会正義と隣人愛に沿った行動をとらなければならない」という趣旨の「日米21世紀宣言」を両国政府トップに提出して一九九八年に同委員会は終了した。

その数年後、私はその米国側委員長ブロックさんに助けられることになる。当時、京セラはアメリカで巨額の特許関連訴訟に巻き込まれていた。法務部が担当していたがなかなかうまくいかず、最後に稲盛さんは私に担当するように言われた。

私は法務の担当者とワシントンに飛び、ブロックさんに会い、事情を説明した。彼は大統領候補にほぼ選ばれるだろうという時に奥さんを交通事故で亡くし、大統領選挙から撤退したという人物であり、当時も多くの人の尊敬を集めていた。

ブロックさんは「日米21世紀委員会で稲盛さんを知り、心の底から尊敬している。その稲盛さんが困っているのであれば全面的に協力したい」と話された。民間人でありながら、日米関係を少しでも良くしたいという純粋な思い、また互いに思いやりをもって生きるべきだという稲盛さんの哲学に共鳴し、尊敬の念をもっていたというのだ。そして実際に交渉の最前線に立たれ、京セラを窮地から救ってくれた。


日本にも、「日米21世紀委員会」に関心をもっていた有力者がいた。木村一三さんという戦後の日中関係改善のために人生をかけた人である。その方が突然稲盛さんに会いに来られて、「日米関係を良くしようという稲盛さんの思いはすばらしい。日米関係同様に日中関係も重要なので、次は日中21世紀委員会をつくってほしい」と要請されたのである。稲盛さんも賛同し準備を進めたが、結局は実現には至らなかった。

しかし、その間、木村さんは中国政府のトップ級の要人を次々と紹介してくれた。

その結果、稲盛さんの中国での人脈もあっという間に広がり、稲盛さんが中国で高い評価を得る布石になり、京セラの事業にもプラスになっていった。「情けは人のためならず」というが、善意から始めたことが不思議な縁を結び、良い結果として返ってくる。私は事務局を担当しながら、それが事実であることを実感することができた。この「日米21世紀委員会」は、稲盛さんが善意で始められた多くの活動の一つでしかないが、稲盛さんの哲学が込められていると思い、紹介させていただいた。

第二章

稲盛経営哲学　成功方程式とは何か

日本航空の奇跡的な再建は、日本航空の全社員の力によってなされた。それを可能としたのは、稲盛さんという稀代の名経営者がいたからであり、稲盛さんの経営哲学、人生哲学が全社員に浸透し、彼らの考え方、心、行動を変えたからである。その稲盛さんの経営哲学について、私の理解ではあるが簡単に説明したい。

◉より良い生き方を教える成功方程式

稲盛さんの経営哲学のすばらしさの一つは、私たちの人生を「成功方程式」という極めて単純化された数式で、どうすればいい仕事ができるようになれるのか、また、どうすれば運命さえ好転させることができるのかを示していることだろう。

誰でも、自分の人生や仕事の結果がどうなるのかを、またどのようにすればいい人生が送れるのかを知りたいと思う。しかし、あまりに複雑すぎて、わかるはずはないとあきらめて、何も考えずに生きているのが普通ではないだろうか。

しかし、稲盛さんの「成功方程式」では、そのわかるはずがない自分の人生や仕事の結果がわかるようになっている。その「成功方程式」について、まず稲盛さんの解説をベースに説明したい。

成功方程式とは、

「人生・仕事の結果＝考え方×熱意×能力」

というものである。

この方程式で示される三つの要素のうち、「能力」は多分に先天的なものであり、両親から、あるいは天から授かった知能や運動神経、あるいは健康などがこれにあたり、長丁場の人生を生きるにあたって大きな資産となる。この「能力」を点数で表せば、〇点から百点までであると言える。

この「能力」に、「熱意」という要素が掛かってくる。

この「熱意」は、「努力」と言い換えてもいいものだが、やる気や覇気の全くない無気力な人間から、仕事や人生に対して燃えるような情熱を抱き、懸命に努力する人間まで、やはり〇点から百点まである。

例えば、健康で、優秀で、「能力」が九十点という人がいるとする。この有能な人物が、自らの才能を過信して、真面目に努力することを怠るならば、「熱意」は三十点ぐらいのものになる。すると、「能力」九十点に「熱意」三十点を掛けるので、結果は二千七百点となる。

一方、「自分の『能力』はせいぜい平均より少し上という程度だから六十点ぐらいだろう。しかし、抜きん出た才能がないだけに一生懸命努力しよう」と、情熱を燃やし、ひたすら努力を続ける人がいるとする。

その「熱意」を九十点とするなら、「能力」六十点掛ける「熱意」九十点で、五千四百点となる。つまり、先の有能な人物の結果と比べると、こちらは倍の結果を残すことができる。たとえ平凡な能力しかもっていなくても、それを補って余りある努力をひたすら続ければ、大きな成功を収めることも可能になるのだ。

さらに、これに「考え方」が掛かってくる。

「能力」や「熱意」と違って、この「考え方」には、マイナス百点からプラス百点までの大きな幅がある。だから、人生・仕事の結果をよくしようと思えば、「考え方」をプラスにしなくてはならない。

成功方程式はかけ算になっているが、その理由は、高い「能力」のもち主が、燃えるような「熱意」をもって、誰にも負けない努力を重ねたとしても、その人がもし少しでもマイナスの「考え方」をもっていたとしたら、人生の結果はマイナスになってしまうからである。つまり、「能力」が高ければ高いほど、また「熱意」が強ければ強いほど、「考え方」によって、人生や仕事の結果は大きく異なってしまう。このように成功方程式は、人生の厳しさも明確に示しており、稲盛さんは「人生とはそんなもんだよ」と私たちを戒めているのである。

この「考え方」が大事だということを示す例は、枚挙にいとまがない。すばらしい「能力」に恵まれ「熱意」もある高級官僚が「考え方」を間違い、国家に損害を与えただけでなく、自分の人生や仕事の結果も無残になってしまった例は記憶に新しい。少しでも実績をよく見せたいと「考え方」を間違い、「能力」も「熱意」もあるものの、会社を破綻させかかった経営者もいる。商才に恵まれ、燃えるような情熱をもち、事業を成功させた人が、いつの間にか傲慢になり、結局は失敗してしまったという例も多い。

それは決して他人事ではなく、自分の仕事や人生にも当てはまる。自己本位という間違った「考え方」で仕事を進めると、いくら努力しても、思ったような成果が出ないということは、誰でも経験しているのではないだろうか。また、人を妬み、不平不満ばかり言っていては、決していい人生が送れないことも知っているのではないだろうか。

成功方程式を当てはめると、なぜそうなのかがよくわかる。自分の人生に照らし合わせても、「なるほど」と合点がいくと思うのである。

◉正しい「考え方」を哲学へ昇華させる

このように成功方程式を用いて稲盛さんは「考え方」がいかに重要かを教えている。では、どのような「考え方」がプラス百点なのだろうか。それを稲盛さんは「人間として正しい考え方」だと表現されている。

それは何かといえば、それほど難しいことではなく、子供の頃、親や学校の先生から教えてもらった、「やっていいこと」「悪いこと」であり、例えば、「嘘をつくな」「正直であれ」「人のために役立ちなさい」「一生懸命努力しなさい」「弱いものをいじめるな」「欲張るな」という初歩的な道徳律のようなものだと説明されている。

また、「自分にとって」正しいことでも、「相手にとって」正しいことでもなく、「誰から見ても」正しいことであり、公平、公正、正義、勇気、誠実、忍耐、努力、親切、思いやり、謙虚、博愛という言葉で表せるものだとも話している。すべて、当たり前で、誰もそれは違うとは言えないものばかりである。

しかし、残念なことに、人間の心は思ったより弱くてもろく、正しい「考え方」はわかっていても、それをもち続けることは難しい。ちょっと油断するとすぐに自己本位になる。心の中はふと気が付くと妄想、邪心のようなもので一杯になる。何か約束をしても、それが守れないとわかれば、言い訳を探す。友人であっても、褒められると嫉妬する。選択肢があれば、何も考えずに楽で得なほうを選ぶ。思い通りにならないと、不平不満を口にする。弱みを見せまいと、怒りを爆発させる。このようにすぐにマイナスの「考え方」になってしまう。

それはなぜか。人間には本能というものがあり、生きていくために必要だからである。生命を維持し、種族を残すために必要な食欲などの欲望、他者から自分を守るための怒りなどは、自分が生き延びていくために不可欠なものであり、それは本能として生まれてきた時から備え付けられている。

だから、正しい「考え方」をもち続けることは難しい。特に私たち凡人の「考え方」のレベルは簡単にプラスからマイナスに変わってしまう。そして、周囲の影響を受けたにせよ「考え方」が少しでもマイナスに振れると、いくら「能力」が高く、「熱意」をもっていても、人生は悪い方向へ一気に進んでしまい、それまでの努力さえ無駄になってしまう。それほど人生は厳しい。

そうならないように、稲盛さんは、正しい「考え方」を、どんな環境に置かれようと、つまり失敗しようと成功しようと、揺らぐことのない哲学にまで高めなければならないと話されている。その哲学を「道しるべ」に日々の判断をしていくなら、すばらしい人生が送れるはずだというのである。

一方で、稲盛さん自身、自分も聖人君子であるわけではなく、生身の人間なので、常に一〇〇%正しい判断ができているとは言えないと率直に話されている。ただ、稲盛さんが違うのは、そうであったとしても、常にあるべき姿を目指すべきだと言われ、今でも、自分の哲学をより確固たるものにしようと哲学書や宗教書を読み、思索を深める努力を怠らず、また、その哲学に照らして、自分の言動、立ち居振る舞いにおかしいところはなかったのか、自問自答を繰り返し毎日の反省を欠かさないということである。

私自身、近くで仕事をさせていただく中で、稲盛さんが悩まれている姿に接することもあったが、それ以上に、いつも数冊の哲学書などをカバンに入れ、時間があれば、それを読み、学ばれている姿のほうが印象に残っている。

現実の社会では、知識としては正しい「考え方」をもっていても、それを哲学にまで高め、それを判断のベースにしている人が少ないように感じるのは私だけではないだろう。特に、組織の中では、何も考えることなく、とにかく上司が正しいと思っている人、前例さえ踏襲すればいいと思っている人、利益さえ上げれば何をしてもいいと思っている人、そのような人間も少なくない。そして、そのような人の仕事の結果は決して良くならないのも事実である。

私たちは、自分の「考え方」は、年齢や経験を重ねれば自然に高まると勝手に思いがちである。男性は男性のほうが正しい「考え方」をもっていると思い込んでいるところもある。それは全くの誤解だろう。私自身のことも含めて、年齢を重ねても人間のこころの弱さは変わらない。歴史書を読んでも、年を追うごとに自己本位になり、妬《ねた》み、恨み、嫉《そね》みというものが抑えきれなくなった人物が多く登場する。

一方で、若くても、理想を語り、正義感に燃え、しかも節度のある生き方をする人も多い。女性と話をすると、その純粋な「考え方」に学ぶことも多い。当たり前だが、自分の意志でしか自分の「考え方」を高めることはできない。その努力こそが重要であり、年齢や性別に関係なく、そのような人を素直に評価すべきではないだろうか。

◉「熱意」とは「考え方」を実践に導くもの

このように「考え方」は大事なのだが、いくら人間として正しい「考え方」をもっていたとしても、実践が伴わなければ価値がない、そのために必要なのが、「熱意」である。

この「熱意」とは、思い、願望、情熱、意志とも呼べるものであり、すべての行動の原動力になる。稲盛さんは物事をなすのは、この思いであり、著書『生き方』（サンマーク出版）では、「求めたものだけが手に入る人生の法則」と題して、強い思い、情熱の大切さを述べている。

しかし、「熱意」が一過性のものであっては意味がない。世の中には、最初は強烈な願望、情熱をもって一生懸命に努力しても、ちょっとした困難に直面しただけで、すぐに弱気になる人もいる。逆に、少しの成功で、有頂天になり、目的は達成したと「熱意」を失ってしまう人もいる。最初は八十点もあった「熱意」があっという間に十点程度に下がり、人生や仕事の結果も、当初の期待とは大きく違ったものになる。

私は、本物の「熱意」とは、志と言い換えてもいいものであり、どんな環境の変化があろうと、決して変わるべきものではないと思う。稲盛さんはそれを「潜在意識にまで透徹する強い持続した願望」と表現し、そうなるためには四六時中、そのことを考えていなければならないと教えている。

こんな話を京セラの先輩から聞いたことがある。

稲盛さんが若い頃の話だが、京都の町をたまたま一緒に歩いていた時にデパートの壁に紳士服新春バーゲンの大きな垂れ幕が下がっていた。稲盛さんはそれをちらりと見た。そのあと、「俺は馬鹿だ。バーゲンの垂れ幕を見てしまった。仕事に集中していない。恥ずかしい」とつぶやいたそうだ。それを聞いた先輩は、稲盛さんは本当に仕事のことばかり考えておられると驚いたという。

稲盛さんには、社員の物心両面の幸福のために、京セラのすべての事業を成功させたいという潜在意識にまで透徹していた強く持続した願望、つまり志があったのだ。だからこそ四六時中そのことを考えていた。どんな困難に直面しようと、決して弱気になることなく、最後までやり遂げようと先頭に立って努力を続けられた。多少成功しようとも、決して驕ることなく、油断することなく、情熱をもち続けられたのである。

◉「能力」は進化する

成功方程式の最後の要素は「能力」である。稲盛さんは、「能力」とは先天的に与えられたものだと話されているが、一方で、「能力を未来進行形で考える」とか「人間の無限の可能性を追求する」という話もしている。私は、この「人間の無限の可能性を追求する」という考え方は、稲盛さんの人間観、人間愛を示していると思うので、『京セラフィロソフィ』（サンマーク出版）のその部分を紹介したい。

「仕事において新しいことを成し遂げられる人は、自分の可能性を信じることのできる人です。現在の能力をもって『できる、できない』を判断してしまっては、新しいことや困難なことなどできるはずはありません。人間の能力は、努力し続けることによって無限に拡がるのです。何かをしようとするとき、まず『人間の能力は無限である』ということを信じ、『何としても成し遂げたい』という強い願望で努力を続けることです。ゼロからスタートした京セラが世界のトップメーカーになったのは、まさにこのことの証明です。常に自分自身のもつ無限の可能性を信じ、勇気をもって挑戦するという姿勢が大切です」

以前、私は稲盛さんがそれまで多くの技術開発に成功されていることに対し、「天才的な技術者だからできたのですよね」と話したことがある。それに対して、稲盛さんは烈火のごとく怒った。「俺は天才でも何でもない。自分の可能性を信じて、必死に努力したから成功したのであって、誰でも同じようにすれば成功できる。お前には繰り返しそのことを教えていたつもりだが、まだわかっていなかったのか」と。

私は自分の未熟さを痛く反省をしたが、それに加えて、稲盛さんの「自分は特別な人間ではない」という謙虚さ、「人間はみな等しく才能をもっており、努力さえすれば誰でも成功できる」という人間愛を強く感じた。

私たちは、自分を含めて、誰にでも同じように無限の可能性があるということを信じることが大切であり、そのような思いが、必ず、自分や組織の成長につながるのである。

◉外から見える「能力」、外からは見えない「考え方」と「熱意」

この「能力」という要素には「考え方」や「熱意」とは違う特徴がある。それは健康状態であれ、知的能力であれ、そのレベルは外部からもよくわかり、しかも簡単には劣化しないという点である。だから、私たちは、ある程度の「能力」を身につければ安定した生活が送れると、少しでも高い学歴を得、資格を取ろうとし、またそのような人を評価する。

一方で、「考え方」や「熱意」は極めて内面的なもの、「こころ」の中にあるものであり、外からはわからない。さらに、人間の「こころ」は極めて弱く、「考え方」は、油断するとマイナスになってしまうという恐ろしい現実もある。「熱意」は時と場合によっては失ってしまうことさえある。

この成功方程式が示しているように、人生は厳しい。いくら目に見える「能力」を身につけても、それを驕り、自分のためにだけ使うようになれば、人生の結果はマイナスになる。また、ずば抜けた「能力」に恵まれた結果、努力を怠れば、「熱意」をもって自らの能力に磨きをかけてきた人にすぐに負けてしまう。やはり、外からは見えない「考え方」と「熱意」が生きていく上では何より重要なのである。

このように稲盛さんの成功方程式、「人生・仕事の結果＝考え方×熱意×能力」は、一見複雑で起伏の多い人生をクリアに説明できる。これまでの自分の人生を振り返る時、これからの人生を考える時、多くの示唆を得ることができると思う。この方程式が人生の真理を表していると思うゆえんである。

◉稲盛さんの人生と成功方程式

稲盛さんは、若い頃に、大した能力もない自分がどうしたらすばらしい人生を送れるのだろうかと考え、この成功方程式を思いついたと話されている。その稲盛さん自身の人生も、この方程式で説明できる。

稲盛さんは、鹿児島大学工学部応用化学科で有機化学を専攻し優秀な成績で卒業した。しかし希望した石油化学関係の会社には就職できず、結局は京都の碍子メーカー松風工業に研究職として就職する。希望を抱いて入社してみると、赤字会社であり、入社早々から給料が遅配される有り様だった。当然、研究設備も十分にはない。

その頃、稲盛さんは不平不満を言い募り、転職することばかり考えていた。「考え方」はマイナスであり、「熱意」もほぼゼロに近かった。しかし、尊敬していたお兄様から安易に転職を考えることを諫《いさ》められた。稲盛さんは素直に反省し、「考え方」を改め、研究に打ち込むようになる。つまり、「考え方」も「熱意」も大きなプラスとなったのである。そうすると、「能力」も高まり、研究環境は劣悪なままであるにもかかわらず、すばらしい研究成果が次々と生まれるようになった。まさに、成功方程式の通りである。

京セラの成長発展も成功方程式で説明できる。稲盛さんは一九五九年、松風工業時代の同志七名と京セラを創業したが、最初の目的は「稲盛さんの技術を世に問う」というものであり、やや独善的なところもあった。「考え方」は六十点くらいかもしれない。

創業三年目に、その年に入社した高卒十一名が「将来の生活を保障してほしい」と反乱を起こす。稲盛さんは、「生まれたばかりの零細企業に、そんなことができるはずはない。しかし、そうできるように必死に努力する」と約束し、その反乱を収める。その時に、「赤の他人ではあるけれど、社員は自分の人生をかけて、入社してきたのだから、経営の目的には経営者の私利私欲が少しでも入ったものであってはならず、全社員の物心両面の幸せを願うものでなくてはならない」と気が付き、京セラの経営理念を「全従業員の物心両面の幸福を追求すると同時に、人類社会の進歩発展に貢献すること」と定めた。つまり、「考え方」を高めたのである。

創業時の全社員がもっていた燃えるような情熱、つまり百点近い「熱意」に、同じく百点に近い「考え方」が掛けられ、京セラは急成長を遂げた。その間、全員参加経営を可能とするアメーバ経営も導入され、全社員がもてる能力をフルに発揮できるようになった。その結果、技術力、生産力、資金力などの企業としての「能力」も高まり、さらに躍進を遂げるようになったのである。

これは同じく稲盛さんが創業した第二電電、現ＫＤＤＩも同じである。一九八二年、日本の電気通信事業の自由化が決まった時に、稲盛さんは、国際的に見て非常に高かった日本の長距離電話料金を国民のために少しでも下げたいという思いで、電気通信事業への進出を考え始めた。その時に「動機善なりや、私心無かりしか」と半年間、自問自答を繰り返したという。そして、自分の動機は善で私心がない、つまり自分の「考え方」が正しいことを確認すると、一九八四年に正式に電気通信事業に進出した。

社員には「百年に一度あるかないかのチャンスだ。この機会を生かし、必ず成功させよう」と熱く訴えた。そして、アメーバ経営も導入された。

第二電電にはそれほど大した通信技術はなく、もっていたのは正しい「考え方」と強烈な「熱意」と全社員の「能力」をフルに発揮させることができるアメーバ経営だけだったが、成長を続け、現在ではａｕブランドを有するＫＤＤＩとして日本を代表する企業の一つとなっている。

◉成功方程式で組織も変わる

成功方程式は人生・仕事の結果を表すことができる方程式ではあるが、京セラやＫＤＤＩの例でもわかるように、人間の集団である、組織、企業においても適用できる。当たり前のことかもしれないが、そのことについて私の考えを説明したい。

企業においては、社員へ大きな影響力をもつ経営トップが徹底的に重要な役割を果たす。だから、まずは経営トップが、人間として正しい「考え方」と燃えるような「熱意」、そして、事業家としての「能力」をもたなくてはならない。

しかし、それだけでは十分ではない。企業とは社員の意識の集合体でしかないので、まず経営トップは社員の意識のレベル、つまり「考え方」のレベルを上げることができなくてはならない。そのためには、自分の「考え方」をどのような時でも揺らぐことのない哲学にまで高め、その自分の経営哲学を自分の言葉で社員に語り掛け、浸透させなくてはならない。すべての社員が、トップの「考え方」に共鳴し、それを学びたいと思うようになれば、組織としての「考え方」は高まる。

さらに、経営トップは社員の「熱意」を高めることもできなければならない。そのためには、全社員が心から納得できるような事業の夢や意義・目的を明確に示し、その背景も含め自分の言葉で語り、理解してもらう必要がある。それを自らの強烈な潜在意識に透徹するほどの願望として、社員が「かわいそう」と思えるほどひたむきな努力を重ね、「私たちも頑張ろう」と思ってもらうことも不可欠となる。トップが社員より少しでも楽をしていたり、醒めていては、社員の「熱意」が高まるはずはないからだ。

そして、経営トップは、必ず成功できるという戦略を立て、それを実践して見せることも重要だ。その実績が社員からの信頼を得、社員の「熱意」を高める。

一方で、経営トップが燃えるような「熱意」をもっていたとしても、部下に「同じような熱意をもて」と強要することはできない。「熱意」とは心の底からしか生まれないものであり、上司から指示されたからといって決して高まるものではないからである。そのことを理解せずに、高い目標を目指せと叱ったところで、かえって社員を委縮させてしまう。稲盛さんは、「社員の心の動きが手に取るようにわかるようにならなければ、いい経営者にはなれない」とよく話されている。特に、社員の「熱意」を高めるためには、社員の深層心理までがわかるような洞察力を身につけ、社員の立場になって考えることが必要となる。

その上で、苦労を掛ける社員への思いやり、愛情を忘れてはならない。それが社員の心に火をつけ、組織の基礎体温を上げ、結果として「熱意」を高めるからである。特に、経営環境が厳しくなり、いくら頑張っても結果が表れない時には、幹部の温かい一言が、大きなエネルギーを与える。

当然経営トップには企業の「能力」を高める努力も必要となる。

その企業の「能力」を表す一般的な項目としては財務力や技術力、製造業であれば生産力などが挙げられる。現在、高い「能力」をもち成功している企業でも、創業した時には、わずかな資金と技術だけがあり、あとは経営者を含めた数少ない社員だけというケースばかりであろう。それでも、企業の「能力」を高め成功できたのは、創業者が燃えるような情熱をもつと同時に数少ない社員を信じ、その能力をフルに引き出すことができたからである。

当然、その能力の中には、他者の知見を活用できる能力も含まれる。こうして、人間の無限の可能性を信じ、全社員がもてる能力を自在に発揮できるような経営システムをつくり上げた企業が、結果として成功する。その代表的な経営システムが、稲盛さんが考案したアメーバ経営である。経営トップはそのような経営システムを導入し、企業の「能力」を高めることができなければならない。

以上のことから、私は、企業の成功方程式とは「社員の考え方」×「社員の熱意」×「社員の能力＋社員の能力をフルに発揮させる経営システム」という数式で表されると考えている。

この三つの要素の中で、「考え方」や「熱意」というものは社風を形作っているものだが、外からは見えにくく評価しにくい。一方で、企業の「能力」、つまり財務力や技術力、生産力はわかりやすく、評価しやすい。そのために、投資家などはこの見える部分で会社の優劣を評価する傾向にある。

多くの経営者も、成功し始めると目に見える「能力」を高めることを優先し、最新設備を導入し、「能力」や学歴が高い社員を採用しようとする。そして、成功をもたらした、目に見えない社員の「考え方」や「熱意」は軽視されてしまう。その結果、外から見える企業の「能力」は高まったように見えても、社内はバラバラになり、社員はやる気を失い、結果として低迷してしまう。そのようなケースも多いのではないだろうか。


十分な資金も技術力もあり、優秀な社員もいる。それでも低迷している企業があるとすれば、リーダーの資質や社風に問題があるのではないか。そのことをこの成功方程式は教えている。つまり、企業経営において本当に重要なのは、目に見えない社風や文化であり、経営者を含めた社員の「考え方」や「熱意」なのである。すばらしい経営戦略を立案することは重要なことではあるが、それを実行するのは人であり、突き詰めれば、その心、つまり「考え方」や「熱意」なのである。

戦後、多くの日本企業が、荒廃の中から立ち上がり、急成長を遂げていったのも、経営者に「焦土と化した日本を少しでも良くしたい」「貧困から抜け出して豊かになりたい」という「考え方」や「熱意」があり、それに多くの社員が共鳴したからであろう。立派な技術力や豊かな資金力があったからではないはずだ。

ここまで稲盛さんの経営哲学、人生哲学の根幹をなす成功方程式について、私の理解をベースに説明してきた。それはＪＡＬの再建にも大きな意味をもつからである。

次章からは、本題であるＪＡＬ再建について、私が関わった意識改革や稲盛さんのエピソードを交えて説明をしたい。

第三章

なぜＪＡＬは経営破綻したのか

◉日本航空の歴史と稲盛さんの会長就任

まず日本航空の歴史を簡単に振り返ってみたい。

第二次世界大戦後、日本国籍の航空機は、GHQによって、官民を問わずすべての運航が停止された。運航禁止は一九五〇年六月に解除され、翌年一月に日本航空創立準備事務所が開設され、一九五一年に政府主導による半官半民の体制で「日本航空株式会社」が設立された。

日本航空は一九五四年に、第二次世界大戦後、日本の航空会社としては初の国際線運航を開始し、その後、日本の高度経済成長にあわせて、急速に規模を拡大していく。一方、全日空は一九五二年に純民間航空会社として設立された。一九七二年に、日本航空は国際線と国内幹線を、全日空は国内幹線とローカル線などを主に運航するよう定められ、その体制が続いた。一九八〇年代になると、国際線における規制が緩和され、全日空などが参入し、競争が激化し、航空運賃も下がり、円高と相まって、日本人の海外渡航が飛躍的に増加した。

このような環境の中で、日本航空は旅客と貨物を含めた国際線の輸送実績を伸ばし続け、長年ライバル関係にあったパンアメリカン航空などを抜き、一九八三年から五年間世界第一位となるなど、日本を代表する国際企業として、国内外で高い評価を得ていた。

一方で、一九八五年八月には、単独機の事故としては世界最大の犠牲者を出した御《お》巣《す》鷹山《たかやま》事故を起こし、安全に対する体質が厳しく糾弾されるようになった。

この一九八五年には、当時の中曽根首相より国営企業や特殊法人の民営化推進政策が打ち出され、日本航空も一九八七年十一月に完全民営化された。その後、日本航空は、ホテル事業、教育事業、ＩＴ事業、レストラン事業、出版事業などの子会社を次々設立するなど、無謀とも言える多角化を進めたが、民営化後も経営トップに官僚出身者が残り、半官半民時代から根付いた官僚的体質は変わることはなかった。その結果、労使の対立も解消できず、またジャンボ機の大量購入や赤字路線への就航など政府からの干渉も続き、不安定な経営が続いた。

その間、御巣鷹山事故後の経営を立て直すために、名経営者として高く評価されていたカネボウの伊藤淳二会長を政府が招聘することになる。伊藤氏は航空業界には全くの素人だったが、当時の大きな経営課題であった組合問題などの解決に積極的に取り組んだ。しかし、結果として社内に大きな混乱を残すことになり、二年で退任されている。

一九九〇年代に入ると、湾岸戦争による海外渡航者の減少と燃料費の高騰、バブル経済の崩壊など外部環境の激変、労働組合活動に後押しされた人件費の増加などの様々な悪条件が重なり、厳しい経営状況が続いた。そのため、国内外のホテルなどの余剰資産の売却や契約制客室乗務員制度の導入などによる人件費の抑制、不採算路線からの撤退などのリストラを実施したが、いずれも中途半端であり、抜本的な経営改革を進めることはできなかった。さらに二〇〇三年三月に発生したイラク戦争やＳＡＲＳなどによる海外渡航者の激減などのマイナス要因が重なり、業績は急速に悪化していった。

この状況を打破するため、日本航空は「聖域なきコスト削減を行う」との合言葉のもとに徹底したリストラを進めようとしたが、不十分であり、高コスト体質や官僚的な体質を改善することはできなかった。そのため、プロローグでも説明したように、リーマンショックや世界同時不況などにより、経営状況はさらに悪化し続けることになる。そして、二〇一〇年一月十九日、事業会社として戦後最大となる二兆三千億円余りの負債を抱えた日本航空は会社更生法の適用を申請し、稲盛さんの会長就任も発表されたのである。

その稲盛さんが、ＪＡＬ会長に就任せざるを得ない状況になった二〇〇九年十二月末、「もし自分がＪＡＬ会長に就任することになれば、自分にとっても最大の事業になるので、最も頼りになる人物を京セラから連れていかなくてはならない」と話をしていた。私もこのままではおそらく稲盛さんは会長に就任せざるを得なくなるとは感じていた。そして、その任務は極めて困難になることも容易に想像できた。その場合、「京セラからもかなりの人物を何人も派遣するのだろう、誰になるのだろうか、一緒に行く人は大変だろうな」と他人事のように考えていた。

その数日後、稲盛さんから「お前がついて来てくれないか。主に意識改革を、また、長い間秘書をしていたので渉外的なことも担当してほしい」と言われた時は、本当に驚いて、即答できなかった。本当にそのような役割を自分が負うことができるのか不安でもあった。

これが私の人生にとっても大きな意味をもつことはすぐにわかった。そこで家に帰り、妻に「稲盛さんからＪＡＬに一緒に行こうと言われている。マスコミで報道されているように失敗する可能性もあるので、家族にも迷惑をかけるかもしれない」と話した。すると妻は「これまで大変お世話になり、また尊敬している稲盛さんから声をかけていただき、一緒に行きたいと思っているのなら、自分たちの生活は大丈夫なので、受けたほうがいい」と言う。そこで、翌日「ぜひご一緒させてください」と伝えた。稲盛さんは、私の生活のことも気にされ、その場でいろいろなアドバイスもいただいた。

一月に入り、稲盛さんの会長就任が正式に決まり、京セラからは、私より十歳ほど年長で、京セラの副会長も経験し、アメーバ経営の専門家としても高い評価を得ていた森田さんもＪＡＬに行くことが発表された。

◉稲盛会長の就任挨拶に漂う冷たい空気

その後すぐに、稲盛さんを中心に新しい経営体制について議論がなされ、ＪＡＬの新しい体制が決まった。社長には、整備畑が長く、執行役員も経験し、グループ会社の日本エアコミューター代表取締役社長であった大西賢さんが就任することになった。森田さんと私は、日本航空管財人代理及び会長補佐に就任することになった。ただし、私は京セラの業務との兼任であり、稲盛さんと同じように週に三〜四日の勤務となった。

ＪＡＬに行く前後で私たちは再建計画の説明を受けていた。当然の話だが、再建計画というのは「その通りに実行すれば成功する」という案である。その計画では、給与の二、三割カット、社員約一万六千人の削減、約四〇％の路線縮小、多くの大型機の売却などが示されていた。一方、目標とする営業利益は一年目が六百四十一億円、二年目が七百五十七億円となっていた。

この再建計画は稲盛さんの会長就任と同時に公表もされたのだが、マスコミはこぞって「ＪＡＬ再建計画に信憑性なし」と徹底的に批判した。倒産するまで幾度も再建計画を発表し、一度も実現したことがないのだから、今回も無理だろう。しかも、一年目から利益が出るような計画が実現できるはずはない。更生法が適用されるメリットはあるかもしれないが、破綻によってブランドイメージが悪化して大幅に売上が減少するだろうから、赤字も続くはずだ。だから「再建計画には信憑性はない」というのだ。

倒産する数年前から、マスコミのＪＡＬバッシングは続いていた。赤字であるにもかかわらず、社員は高給をもらい、しかもサービスは悪く、さらに整備不良などによる安全問題も続く。そして、今回の倒産である。わが意を得たりと、ＪＡＬたたきはさらに過激化した。再建計画も稲盛さんの会長就任も批判し、ＪＡＬは二次破綻をするだろうと断言するマスコミがほとんどだった。

稲盛さん自身は、航空業界には全くの素人であり、ＪＡＬの内部事情にも疎い。だから、この再建計画が果たして妥当なものかどうかもわからなかった。しかし、管財人の方々は、今回の計画はＪＡＬの若手幹部も入って作ったものなので、これを確実に実行すれば必ず再建できると説明していた。また、会社更生法適用会社なのだから、再建計画を着実に実行する以外方法はなかったのである。

二月一日にＪＡＬに着任し、幹部を前に行った最初の挨拶で、稲盛さんは中村天風氏の「新しき計画の成就はただ不屈不撓《ふくつふとう》の一心にあり。さらばひたむきにただ想え、気高く、強く、一筋に」という言葉を引用し、新しい計画、つまり再建計画を成就しようと思えば、不屈不撓の強い思いをもつことが不可欠であり、全員がそのような強烈な願望をもつと同時に、自分の経営哲学に基づく意識改革とアメーバ経営を実践すれば必ず再建はできると話した。

しかし、それを聞く幹部社員たちの態度にはどこか白々しさが感じられた。彼らは当然のように、ＪＡＬは最後は国が支え、倒産することはないと考えていた。そのＪ

ＡＬが予期しない形で突然倒産した。社内は危機感というより絶望感にあふれ、生気を失った社員たちが右往左往していた。

ＪＡＬという一流企業に勤めていたというプライドは倒産によりズタズタにされた。自分を含め多くの仲間がこれからリストラされるだろう。賞与は出ないだろうし、給料はさらに減るだろう。花形だった海外路線も大幅に縮小され、機材も売却されるという。しかも、マスコミは二次破綻必至だと毎日のように報道している。

そのような極限的な環境の中で、稲盛さんの話をにわかに信じられる人がいないのは当然だったかもしれない。「自分たちプロでもうまくできないのに、何もわかっていない年寄りが突然やって来て精神論だけで再建しようとしている。困ったもんだ」と聞こえよがしに話をする人もいた。

彼らは、それまでも組合対策やコスト削減など、経営の健全化に向けて必死に取り組んできた。しかし、原油の値上がりなど経済環境の変化により、うまくいかなかった。ただし、それはＪＡＬだけではなく、世界の航空会社も同じであり、欧米でも大手航空会社が何社も倒産している。だから自分たちだけが悪いのではない。そう考えている幹部も多かった。

また、先に紹介したカネボウの伊藤淳二会長のこともトラウマのようになっていた。

伊藤さんは政府の要請を受けてＪＡＬ会長に就任したが、組合対策に注力し、独断で経営判断をすることも多く、結果として社内を混乱させたという。その後の苦労を知っている幹部も多い。同じように政府から派遣され、航空業界に素人の稲盛さんも、社内を混乱させるだけではないかと心配していたのである。

そのようなこともあり、着任直後に私が、ＪＡＬの幹部の方々に「再建を一緒に頑張りましょう」と話しても、「稲盛さんに折角来ていただいたけれど、再建は無理です。倒産してしまったので、ＪＡＬブランドは地に落ち、社員はやる気を失っています。稲盛さんでもどうにもならないでしょう」と真面目な顔で言っていた。

当然、みんなが稲盛さんを否定していたわけではない。内心では、「あの稲盛さんに来てもらった」と喜んでいた社員も多くいたと思う。しかし、それを口で言えないような雰囲気が当初あったのは間違いない。

◉「全従業員の幸せを追求」は組合迎合と反発した幹部

会長着任後、稲盛さんは「経営の目的は全従業員の物心両面の幸せの追求である」

という話をよくされた。しかし、これについても反発があった。

ある幹部は私に「この発言をすぐに撤回するよう稲盛さんに伝えてほしい」と言ってきた。彼は稲盛さんがカネボウの伊藤さんと同じように組合に迎合していると受け取り、「稲盛さんに同じ失敗はさせたくない」という言い方をした。「そんなことはできません」と私が断ると、直接稲盛さんに「すぐに撤回してください。あんな言葉を組合が聞いたら、喜んでまた社内をめちゃくちゃにしてしまいます」と申し入れた。

それはJALで最初に開いたコンパの席上だった。十名くらいのJAL幹部が参加していたと思う。その時、稲盛さんは自分の考えを伝えたが、相手は頑として受け入れない。それに対して稲盛さんは「社員を信用できないのなら、幹部の価値はない」と厳しく諭した。

この時のやり取りを見ていて、社員を信じることがスタートだという稲盛さんの信念を感じた人も多かったのではないだろうか。組合員であっても社員なのだから、当然信じる。そして、彼らの物心両面の幸福が実現できるように経営幹部は誰にも負けない努力をする。そうすれば社員も同じように会社を良くしていこうと思い、頑張ってくれるようになる。それが経営なんだというのが稲盛さんの信念なのである。

「経営者は社員の幸せを願って一生懸命、死に物狂いで努力する。社員も経営者と同じ気持ちで会社を良くしようと思って頑張る。そのような働く仲間の心を信じて社員全員が『この会社で働いて本当によかった』と思えるような会社にしたい。人間の心は移ろいやすいものだが、一度固い絆で結ばれるとそれほど強いものはない。それが心をベースとして経営することであり、そんな心と心の絆が強い会社をつくり、全員参加で経営すれば、必ず成功できる」

と稲盛さんはよく言われている。

同じようなことを稲盛さんはＪＡＬに着任後も繰り返し話された。

「私はＪＡＬの社員の皆さんがＪＡＬで働けて本当によかったと思えるような会社にしたい。全社員が自分の会社を誇りに思い、意気に感じて一緒にＪＡＬを良くしていこうと思うようにしたい。そうすれば必ず再建できる」と。

稲盛さんの経営の原点にある考え方は全く変わりがないのである。

◉社内に充満する根深い相互不信

とはいえ倒産直後、ＪＡＬ社内に充満する相互不信は簡単に拭い去れるようなものではなかった。幹部たちは「ＪＡＬが倒産したのは組合がうるさくて、社員が自分たちの言うことを聞かなかったからだ」「自分たちは正しい経営をしていた。我々の言う通りにしていれば倒産することもなかった」と平気で話していた。

彼らには明らかなエリート意識があって、一般社員に対して優越感を抱き、現場の苦労を知らないのに、現場を見下すことがあった。逆に社員のほうは「本社の幹部がいい加減な経営をするから倒産した」と批判していた。一体感どころか、相互に根深い不信感があったのである。

それは、稲盛さんが会長に就任しても変わらなかった。例えば、稲盛さんは、経営数字をできるだけオープンにして全員参加の経営をしたいと話した。それに対しても幹部たちは「経営数字を知っているのは幹部だけでいいのではないですか」と抵抗をした。なぜかといえば、社員を信用して、経営数字を見せると他社に漏らすかもしれない、そうなると大変な問題になるというのである。

稲盛さんが「万が一他社に漏れたとしたら、どんな問題があるんだ」と聞くと、「競合他社が対抗策をどんどん取ってくる」と言う。「もしそうなったとしても、そんなのは我々が一生懸命に仕事をして、さらに良い経営をすればいいだけだ。そのためにも社員の協力が必要になる。だから経営数字をみんなで共有するのは当たり前じゃないか」と言っても、なかなか首を縦に振らなかった。とにかく社員を信用していないのである。

それは、社員を単なる労働力と考えていたからだろう。極端に言えば、社員を、自分たち管理職と立場が全く違う労働力、つまりコストとしか見ていなかった。だから、いろいろな工夫をして労働力コスト、つまり人件費を下げ、生き残りを図るのが自分たちの役割だと考えていたのである。そのためＪＡＬでは、非正規雇用の派遣社員などを増やしていくと同時に多くの事業を子会社化していた。彼らを労務費というコストとしてとらえ、忙しくなれば雇用したらいい、暇になったら契約を終了したらいいと考えていた。また、分社化した関連子会社も、本体に利益をもたらすための道具のように扱っていた。

そこには、ＪＡＬグループ全体で一致団結し、再建を目指そう、そのためには、現場を支えている非正規雇用社員を含め、ＪＡＬに集う全社員との一体感を高めようという発想はなかった。

それでは幹部同士がまとまっているかといえば、そうでもなかった。例えば、本部長同士、互いに気軽に話せるような関係ではなく、着任当初は、匿名で個別の役員を批判する手紙がよく私のところにも届いていたくらいだ。幹部同士にも相互の不信感があり、バラバラだったのである。

普通であれば、経営環境が厳しくなれば、どうにかよくしようと、それまで仲が悪くても協力し合い、助け合うようになるものだ。しかし、JALの場合は、そうはならなかった。幹部は同僚や社員を信用しない、社員は上司を信用しないという風土は変わらず、それが更なる業績の悪化を招くという悪循環を生み、ついには倒産してしまったのである。

◉「JALは黒字を出してはいけない」という理屈

JALに着任して驚いたことの一つに、「我々は公共交通機関だから利益が出ないのが当たり前で、むしろ利益を目指さないほうがいい」との考え方が染みついていたことがある。何人かの幹部から「稲盛さんや大田さんは、収益性を上げろ、黒字にしろといつも言うが、それは基本的に間違っている」と真面目な顔で言われた時は耳を疑った。

しかしよくよく話を聞いてみると、そこにも彼らなりの理屈が存在することがわかった。つまり、黒字になって利益が出るようになれば国土交通省は「運賃を下げろ」と言ってくる。組合は「賃金を上げろ」と要求してくる。政治家は採算を度外視して

「新しい路線を開設しろ」と求めてくる。だから、できるだけ利益を出さないのがよい——これが彼らの理屈だった。

そのような発想だから、利益目標に対する執着心はもっていなかった。公表された会社全体の利益目標はあっても、部門ごとの利益目標はない。そのため、利益目標が達成できるかどうかは、最後までわからなかったのである。

当然この理屈は間違っている。だから「ＪＡＬは民間企業なんですよ。今回見てもわかるように誰も助けてくれません。自分たちで一生懸命働いて利益が出ないと、二次破綻して、今度こそ全社員が路頭に迷いますよ。それに利益がなければ一番大切な安全への投資もできないでしょう」と言うと「それはそうですね」とあっさり納得する。恐らく彼らはそれまで先輩から言われてきたことをそのまま話していただけであり、本音では、倒産したのだからそれまでのＪＡＬの経営はおかしい、利益も必要だ、とはわかっていたのだろう。ただ、それを最初から話す勇気がなかっただけなのだ。

◉旧ＪＡＬに受け継がれていた不思議な文化

また、倒産するほど経営が悪化しているのに、会社の予算を一円でも多く獲得し、獲得した予算は全部使い切るという文化が残っていたことにも驚いた。会社が赤字であろうと関係なく、例えば、自分が部長として獲得した予算は使い切らなくてはならない。そうしなければ、次は減らされる。それでは面目もつぶれ、出世競争にも敗れてしまう。そう思っていたのだろう。

だから、倒産してしまうかもしれないという時期でも、予算を使い切るために必要のないものまでも買っていた。そのくらい予算獲得競争は熾烈なものだった。だから、少しでも多くの予算を得るためには、本来は協力しなくてはならないほかの部門を批判することも厭わなかった。これで幹部間や部門間に信頼感や一体感が生まれるはずはない。予算制度を前提としていた企業文化は無駄を生み、部門間の壁を作るという大きな弊害を生んでいたのだ。

しかし、このことも、指摘すると「恥ずかしい」とすぐに反省をしていた。入社以来、そのような企業風土の中で必死に生きていたために、見直すことができなかっただけであり、決してそれが正しいと思っていたわけではなかったのだ。

また、安全に対する考え方も偏ったものがあった。御巣鷹山での大惨事がトラウマになっていたのかもしれないが、安全を守るための予算は聖域となっており、そのコストは減らせないという暗黙の了解があった。「安全のための投資なら仕方がない」

とそこで思考が停止するのである。

しかし、よく考えてみたらわかることだが、お金をいくらでも使えるのであれば、誰でも安全は守れる。しかし、経営者に求められるのは、「安全性は高めるけれども、コストは下げる」という知恵なのである。これはどこの業界でも同じで、客先の要望に応え、また競争に勝つために、より良い品質のモノをより安く作るための創意工夫を徹底して行っている。例えば家電製品には、品質は上がっても、値段は下がっているものも多い。このような例を挙げて、民間企業ではそれが普通なのだと話をすると、それもやはり頷いてくれた。

こうした普通では考えられない思い込みとでもいうようなものが他にもあった。例えば、幹部の人たちの出勤時間である。これも驚いたのだが、彼らはＪＡＬが倒産した後も朝十時くらいに出社してきていた。私は八時前には出社していたので「ちょっとおかしいのではないですか」と問いただした。幹部としての自覚がないと思ったからである。

ところが、その人は当たり前のように答えた。

「いやいや、おかしくはないのです。私は昨日も深夜まで仕事をしていました。体調を考慮するとこの時間にしか来られないのです」

しかし、部下から見れば「こんな大変な時にうちの部長は十時に出社して」と思うだろう。深夜まで仕事をしていたと言うが、その時間帯に残っている社員などいないから、彼が遅くまで仕事をしている姿を見ている社員は一人もいないのである。

そこで、「部下はあなたのことを尊敬してくれると思いますか？」と聞いてみた。すると彼は「どうですかね。私は一生懸命に頑張ってますけれど」と答えた。「そうであれば、部下より朝早く来るようにしてはどうですか。そうすれば、うちの部長は本気で頑張っていると尊敬してくれるようになりますよ」と言うと、彼は「そうですよね」と頷いて、実際に次の日からは朝早くから来るようになった。

こんな話をしたこともある。ある幹部社員が「稲盛さんは『人間として正しいことをしなさい』と言うが、我々はいつもそうしている。あれはどういう意味ですか」と聞いてきた。そこで私は「人間として正しいことの一つには約束を守るということがある。あなたは、それは当然だと思い、子供さんたちにも、『嘘は言っちゃだめだ、約束は守りなさい』と言っているでしょう。じゃ、子供さんがあなたに『お父さんは会社では約束を守っているの？』と聞いたら、『当たり前だ』と答えられますか」と。そう言うと、彼は黙ってしまった。

実際、ＪＡＬでは、それまで約束したことが、つまり利益目標や再建計画が全く守れなかったから倒産したのであり、人間として最も基本的な「約束を守る」ということさえできていなかったのだ。彼は、そのことを指摘されたので、口を閉じてしまったのだろう。

◉数字で経営するという発想の欠如

ただ、一番驚いたのは、ＪＡＬでは数字で経営するという発想がなかったことだ。会議を開いても、実績数字も目標数字も出てこない。倒産直後なので混乱しているのだから仕方がないと思って聞いてみると、これまでもそうだったという。月次の実績が出るのには数か月かかり、それも概算のようなもので、しかもその数字を知っているのは経理部門を除けば一部の幹部だけだという。

それでは、経営が悪化してもタイムリーな対策が打てるはずはない。三か月前の結果で対策を考えてもすべて手遅れなのは当たり前だ。また、遅いとはいえ、経営実績を一部の人間しか知らなければ、全社員で危機感を共有することもできない。経営トップがコスト削減を呼び掛けても、赤字であるという実態を知らない社員たちが本気で取り組んでくれるはずはないのである。

　そこで、経営をしている以上、会議では、月次の目標数字やその達成状況を議論し、対策を考えるようにすべきではないかと指摘すると、「我々だってそうしたいがそれは無理だ。メーカーにいたあなたはこの業界のことを知らないからわからないでしょうが」と言う。

　ダブルブッキングもよくあるし、キャンセルも多い。運賃も最初は安いが搭乗日が近づくにつれて上がっていく場合もあるし、逆に下がる場合もある。しかも、マイレージサービスもあり、何が本当の運賃かわからない。このように航空事業の利益構造は複雑なのだから、月次の予定が組めるはずはないし、実績の算出には途方もない時間がかかるというのだ。

　しかし、民間企業で働けばわかるように、どの業界でもそれは同じである。電子部品業界でも、値段もスペックもどんどん変わるし、海外との取引では為替は常時変わっている。それが普通の市場経済なのである。

　ＪＡＬに着任して、ＪＡＬの幹部の人たちと話した時は、このように普通の民間企業ではとても考えられない話ばかりで本当に驚いた。しかし、彼らの話を聞き、率直に議論を交わす中で、悪いのはＪＡＬのそれまでの文化や社風であり、幹部の方を含めて、ＪＡＬの社員ではないことに気が付いた。彼らは純粋でいい人たちばかりだったのだ。要するに彼らは、「人間としてどうあるべきか」「民間企業としてどうあるべきか」など、自分で考えたことはなく、それまでのＪＡＬの文化に染まり、先輩たちがしてきたことを踏襲しているだけだったのだ。

そして、これまで挙げた例に対しても、内心は、「おかしい」と感じていたようだが、先輩たちが築いてきたものを否定することは許されないという風土もあり、教えられた通りの話をしていただけだったのである。

だから、時間をかけて丁寧に説明すると驚くような素直さで受け入れてくれた。また、若い世代の中には、「実は、私もＪＡＬの文化や上司の仕事の進め方は間違っていると思っていました」と直接私に話にきてくれる人も少なくなかった。

結局は、彼らはＪＡＬという特殊な文化の中で純粋培養されていた人たちであり、航空業界という狭い世界でステレオタイプの考え方に凝り固まっていただけなのだ。だから、理屈さえ通れば受け入れてくれる。世間知らずかもしれないが、非常に素直で純粋な人たちであった。悪いのはＪＡＬ社員ではなく、それまでのＪＡＬの社風であり文化だったのである。

第四章　意識改革

◉逆境の中で決意を固める

稲盛さんは、着任後、ＪＡＬの関係者に「私の副官で、フィロソフィを一番わかっていて、社員の気持ちもわかる男だ。だから、彼に意識改革を任せることにした」と私を紹介していた。その言葉を聞き、実力以上に高く評価してもらっていると面映ゆく感じる反面、期待と責任の大きさを感じていた。

ただ、その時は何もわかっていなかったので、「どうにかなるのだろう」と、その責任感はある意味でぼんやりしていた。しかし、ＪＡＬに着任して少しずつ私は責任の重さを理解するようになる。新聞や週刊誌には、「ＪＡＬの官僚的な体質が一番問題であり、これまでも幾度となく意識改革に取り組んだが失敗している。だから、意識改革が一番難しい」と書かれていた。私も、幹部の人と話をして、それまでのＪＡＬの社風の異常さを肌で感じていた。

その社員の意識を変えなければならない。着任して数週間たつ頃には、自分の果たすべき役割に強烈なプレッシャーを感じ始めていた。

その間のマスコミの否定的な報道の異常ともいえる多さにも辟易させられた。大手新聞は毎日のようにＪＡＬの動静を報道する。また、週刊誌も毎週のようにＪＡＬ特集を組んでいた。本屋に行っても「ＪＡＬ再生の嘘」というような書籍が並んでいる。いずれも必ず失敗するというネガティブなものばかりで、成功すると予想したマスコミは皆無だった。社員も、新聞を読むのも本屋に行くのも嫌になると話していたが、その気持ちはよくわかった。

そのマスコミが失敗すると決めつけているようなＪＡＬ再建に稲盛さんは人生をかけて取り組み、必ず成功させると宣言している。その稲盛さんの指名を受けて、意識改革を通じてＪＡＬ再建のお手伝いができるということは、困難なことはわかってはいたが、自分の人生の中でも最も意義のある仕事であることは間違いない。それを意気に感じ、自分の役割はどうしても果たさなくてはならないと強く思っていた。実際に、もう逃げ場はなかった。私が、弱気になったり、諦めたら、ＪＡＬの再建はできない。だから、必ず意識改革を成功させようという気力は充実していた。

しかし、肉体はそうはいかなかった。私には、航空業界の知識も社員教育のノウハウもない。また、何かを相談しようにも、周りに知っている人は誰もいない。「稲盛さんの経営哲学をベースに意識改革をすれば、必ず再建はできますよ」と話しても、「稲盛さんの経営哲学は本を読んで知っている。中小企業だった京セラを大きくしたらしいけれど、それは製造業だからできたのであり、サービス業であり、巨大企業であるＪＡＬに適用できるはずはないでしょう」と相手にもされない。そして、マスコミからは厳しい報道が続く。

私は再建は必ずできると信じ、そう話していた。しかし、深層心理では、巨大な不安と闘っていたのであろう。夜、一人でいると、何をしても寝付けなかった。心と身体がばらばらで、心のほうは必ず成功させると意気込んでいても、身体のほうはこの厳しい状況から逃げ出そうと勝手に動き出すこともあった。最初の数か月は自分の弱さを痛感した時期でもあった。

しかし、ＪＡＬに出社すると稲盛さんが、いつものように、明るく前向きに、そして、平然とＪＡＬの会長として陣頭指揮を執っておられる。その姿に励まされ、私も与えられた役割を必ず果たそうと覚悟を決めた。

◉意識改革の基本的な考え方

それでも、何をどうすれば意識改革を進めることができ、自分の役割を果たすことができるのか、わからないまま時間が過ぎ、焦るばかりであった。「自分は何の役にも立たないのじゃないか」そんな不安感も増してきた。

その中で、再建計画を確実に実行できるリーダーの育成が急務であることは明確だった。先ほど紹介したように、ＪＡＬの幹部と話をしても、民間企業を経営しているというような意識をもっている人はいなかった。まるで評論家のようにＪＡＬの倒産を解説する幹部もいた。一致団結して必ず再建を成功させようと熱意をもっている人もいなかった。そのような幹部では、いくら立派な再建計画を作ったとしても、それを実行できるはずはない。

ただ、彼らも自分たちがこれまでやってきたことが間違っていたことは内心よくわかっているように感じられた。どうすればいいのかわからなかっただけなのである。そうであれば、リーダーの在り方を徹底して伝えれば変わってくれるはずだ。そう思い、まずは大西社長以下の幹部全員にリーダー教育を実施し、リーダーの育成に取り組もうと考えた。

一方で、現場の社員と話をすると、それまでの経営陣や本社の人間に対して根深い不信感はあるものの、稲盛さんや稲盛さんの考え方に対する期待が大きいことはひしひしと感じられた。「ＪＡＬの生みの親はひどい人ばかりだったが、稲盛さんというすばらしい育ての親に来ていただいたので、私たちも一緒に再建に頑張りたい」と涙を流しながら話してくれる人たちもいるなど、稲盛さんなら必ず再建してくれるはずだと心の底から期待している社員も大勢いた。

ＪＡＬの宝物のような社員たちではあったが、それまではマニュアルを守ることに汲々《きゅうきゅう》としており、自分たちで判断することは許されていなかった。また、他部門のことは知らず、互いに助け合うようなこともなかった。そのため、現場は活気も、一体感もなかったのである。

現場の社員をマニュアル至上主義から解放すると同時に、ＪＡＬ全体で互いに助け合えるような一体感を醸成する必要があった。そこで、稲盛さんの経営哲学をＪＡＬの方々にもよく理解してもらい、それを全社員で共有すれば、社員のモチベーションも一体感も高まるのではないかと考えた。そのために必要なのが、全社員共通の価値観となるＪＡＬフィロソフィである。そこで、まずはＪＡＬフィロソフィを作り、それを教材として全社員を対象としたフィロソフィ教育を始めようと考えた。

このように、最初にリーダー教育を実施し、次にはＪＡＬフィロソフィを作成し、全社員を対象にフィロソフィ教育を始める。これを意識改革の基本的な考え方とし、稲盛さんに報告した。稲盛さんからは即座に「それでいい」と了解してもらった。

◉意識改革のための具体的な計画を作る

基本的な考え方は決まったのだが、具体的にどうすればいいのかわからない。そこで、まず、それまでのＪＡＬの社内教育の実態を知りたいと思い、担当役員に相談したところ、社員教育に詳しいということで、後に意識改革推進部長に就任する人事部の野村さんを紹介してもらった。

彼に聞くと、ＪＡＬはそれまでも社員教育には熱心だったという。教育センターのような建物もあったようだ。専門教育がメインであったが、人間教育にも力を入れていた。ただ、実際は、外部の教育コンサルに任せ、一流と呼ばれる講師の講義を聞くというスタイルが中心であり、ＪＡＬの正社員が主な対象だったという。

私は、そのように外部に依存した教育では、社員の一般教養は深まるかもしれないが、講師によって考え方も違うだろうから、一体感を高めるのには役に立たないだろうと感じた。また、主に正社員だけを対象にしていることにも違和感をもった。

野村さんは、大変実直で素直な人であり、彼からのヒアリングを終え、私が先に述べた意識改革の基本的な考え方を話すとびっくりしていた。例えば、リーダー教育についても、過去経営陣に教育したことはないので無理だという。また、ＪＡＬフィロソフィを作ることにも反対だった。ＪＡＬではこれまでも何回も標語を作ったり、モットーを決めたりしたが、効果はなかった。だから、倒産直後にまたそんなことを始めれば社員の反発が大きいというのだ。

野村さんの意見は貴重ではあったが、だからといって、意識改革を始めないわけにはいかない。ただ、そこでわかったことは、意識改革というのはきわめてナイーブな課題なので、外部から来た私が先頭に立てば、さらに抵抗が大きくなるだろうということであった。

そこで、当面は、大西社長に先頭に立ってもらい、私は黒子役に徹することにした。大西社長にそのようなお願いをすると、当初は当然渋っていた。京セラから来た人間の片棒を担ぎたくないという気持ちもよくわかった。しかし、稲盛さんの考え方や意識改革の重要性を繰り返し説明すると、最後は「腹落ちしました」と受けてもらうことができた。

三月上旬、このような経緯を含め、私は、より具体的な意識改革のプランをまとめ、報告書を作り、稲盛さんに渡した。稲盛さんは「その通り進めなさい」とメモをつけ、

「お前に任せる。意識改革はみな心配しているので管財人などにもよく説明しなさい」と言われた。

自分の計画が認められ、任せると言われた時は嬉しかったが、後でその重みを痛感した。私のプランは当然意識改革を成功させるためのものである。稲盛さんは、「任せるので、自分で立てた計画は責任をもって実行しなさい」と言っていたのである。私は、改めて自分で作成した計画をそのスケジュール通りに進め、必ず成功させなければならないと強く思った。身が引き締まるとはそのような思いなのだろう。

◉意識改革推進準備室の開設——たった五人で三万二千人を変える大仕事

意識改革の基本計画をまとめることはできたのだが、私一人では何もできない。稲盛さんに京セラからの応援が欲しいと頼むと「だめだ」と言う。そこで私は大西社長に意識改革を実施するための組織をつくってほしいとお願いした。国内に二万人ほどの社員がいた京セラでは、三十人ほどの教育組織があった。だから、ＪＡＬでも最低十人くらいは欲しいと話をした。

ところが、ＪＡＬにしてみれば、構造改革を実行することが最も大事で、意識改革で再建ができるとは思っていなかった。「稲盛さんには再建のシンボルとして来てもらったけれど、稲盛さんが言うように意識改革で再建できたら苦労はしない。実際の再建は自分たちがやるのだから、そのための人は出したくない」と言う人もいた。

それでも大田さんの立場もあるだろうからと、五月になってやっと「意識改革推進準備室」という組織をつくってもらったが、最初は先ほどの野村さんを含めて二人しかメンバーはいなかった。五月中旬に二人が着任して四人となり、最終的にもう一人が加わって五人体制になったが、それ以上は一人も出すつもりはないという。

このうちの一人は若い女性だった。彼女は関西国際空港で働いていたのだが、ある日突然、上司に呼ばれて転勤を告げられた。「どの部署に行くのでしょうか？」と尋ねると「どこかはわからないけれど、とにかく本社に転勤だ」と言われたそうだ。他のメンバーも大体同じようにして呼ばれたという。

意識改革をリードする意識改革推進準備室は新設される部署で、何をする部署か誰もわからなかった。わからないまま辞令が下りたのでやってきてみたら、そこに私がいた。そして私の下で働くように言われたのだから、彼らにしてみればまさに青天の霹靂《へきれき》だったに違いない。

私は、最初に意識改革の心構えとして、「自社の文化は自社でつくるのが基本であり、新しいＪＡＬは稲盛さんが目指す社風、文化にしていかなくてはならない。そうであれば、外部に頼ることなく、講師も、教材も、カリキュラムも自分たちで考え、作るべきだ」と伝えた。また、「再建は三年でやり遂げなければならないので、スピード感をもって進めたい」とも話した。

その上で、私が考えているリーダー教育やフィロソフィ教育の概要を説明し、計画通り必ず進めていくという私の決意を伝えた。彼らは、私の考えている意識改革の内容があまりにも大胆なものであることに驚くと同時に、それを強引に進めようとする私に「とてもついていけない」と不安に感じていたようだった。そこで、「初めてのことばかりで大変苦労をかけると思うが、意識改革は必ず成功する。数年後にはマスコミの取材が殺到するようになる。歴史的な仕事をしているのだから、一緒に頑張ろう」と励ました。

しかし、彼らはあっけにとられるだけであり、最初のうちは何を語っても反発しかなかった。教育を担当したこともない製造業出身の役員がやってきて、リーダー教育とかフィロソフィとか、わけのわからないことを次々に言ってくるのだから、成功すると言ってもすぐには信じられないのが当然であったろう。

それでも、私は、前を向いて走るしか方法はなかった。彼らが私の余りの強引さに困惑し、反発しようと、私は自分の計画通りに意識改革を進めることしか考えていなかった。
ただ、そういう反発があったおかげで意識改革は順調に進んだと言っていい。もし彼らが面従腹背《めんじゅうふくはい》で表面的には納得したフリをして実際は何もしないような人間であれば、意識改革は前に進まなかっただろう。彼らが反発して、わからないことはわからないと率直に言ってくれたから、私もできるだけわかりやすく目的や意義を説明することができた。そういうプロセスを繰り返す中で、彼らも私の考えを少しずつ理解してくれるようになり、具体的なプロジェクトが進むようになったのである。

結果から言えば、意識改革は順調に進み、実際に取材が殺到するようになった。後日、彼らは「大田さんは最初に必ず意識改革は成功して将来取材が殺到すると言っていましたが、勝算はあったのですか」と聞いてきた。もちろん勝算などなかったのだが、「そう言わないと誰もついてこないだろう」と私は答えた。実際に、最初にあったのはどうしても成功させたいという強い願望だけだった。

最初はよそよそしかったが、意識改革のメンバーとは、早い時期から同志的な関係がつくれたように思う。私は、想像を超えるような要求を出し続けたと思うが、彼らはそれに必死になって応じてくれた。私は口先だけだが、彼らは私の思いを正しく咀嚼し、具体案を作り、実行してくれた。

これから述べるリーダー教育にしろ、フィロソフィ教育にしろ、この五名が中心になり、カリキュラムを考え、教材を作り、講師を養成し、実際の教育を実施した。そしてＪＡＬ独自の社風を形作っていったのである。ＪＡＬにいる三万二千人の意識改革を成功させたのはこの五名のメンバーだと言っても過言ではない。心から感謝している。

第五章　リーダーから変える

◉リーダーとマネージャーの違い

企業経営をする上で最も大事なことは、経営幹部に立派な人間性をもつすばらしいリーダーを据えることである。どんな困難に直面しても逃げずに真正面から取り組む勇気があって、また部下や仲間を大切にする優しさをもっている。さらに常に謙虚で努力を怠らない。そういうリーダーでなければ小さな部門さえまとめることはできない。

しかし、冒頭から説明している通り、ＪＡＬに着任し、会議に出席し、現場を訪問する中で、ＪＡＬには本当のリーダーと呼べる人間がいないことを痛感していた。それではいくら立派な再建計画を作っても、達成できるはずはない。また、上の立場の人間の意識が変わらないと、部下の意識が変わるはずもない。逆に、幹部の考え方が変われば、自ずと部下の考え方も変わる。だから、どうしてもリーダー教育を早急に始めなければならないと思っていた。

そこで、当初より意識改革推進準備室のメンバーには、「大西社長を含め役員や主要な幹部社員を五十名ほど集めて、週五回、一回三時間程度のリーダー教育を始めたい」と伝えたのだが、そもそもリーダー教育というコンセプトにも納得していなかったので、最初は「絶対無理だ」と反対していた。

それでも私は、彼らに私の考えをまとめて報告書を作ってほしいと頼んだ。しかし、返ってくる報告書のタイトルはマネジメント教育になっていた。「そうじゃない。私はリーダー教育のプログラムを作ろうと思っているのだ」と指摘しても、返ってきた報告書にはまたマネジメント教育と書かれていた。

おそらく彼らは当初リーダーとマネージャーが同じものだと理解していたのだろう。これは無理もない。普通の大企業でも管理職になったらマネジメント教育を受ける。そしてコンプライアンスの重要性、人事評価の方法、目標数値の設定の仕方などを学ぶ。それが一般的だから、リーダー教育というとマネジメント教育のことだと考えてしまったのだ。準備室のメンバーは「大田さんの言っているリーダー教育を一般的にはマネジメント教育というのだけれど、たぶん大田さんは知らないのだな。京セラの人はマネジメント教育をリーダー教育と呼んでいるのだろう」と解釈したのかもしれない。

そこで私はリーダーとマネージャーの違いを繰り返し説明した。

「部下を管理するマネジメントについては、あなたたちはよくわかっているし、優秀かもしれない。しかし、今JALに必要なのは部下をまとめて同じ目標に向けて引っ張っていけるリーダーを育てることなんだ。優秀なマネージャーであれば、困難に遭遇すればその迂回策を考えるだろう。うまくいかなかったら、その言い訳を探して、責任逃れをするだろう。そんなマネージャーばかりだから倒産したんだ。再建を成功させるには、どんな困難にぶち当たってもあきらめずにやり遂げようとする、一つの目標に向かって部下を鼓舞してなんとかまとめていこうと考える、そんなリーダーが必要なんだ。これからはそのようなリーダーを育てなくてはいけない」

そのような話をしてリーダー教育の必要性をどうにか理解してもらった。

◉リーダー教育の準備を始める

その後、すぐにスケジュールの打ち合わせを始めた。再建計画を確実に実行するためにも、導入が予定されているアメーバ経営を正常に機能させるためにも、リーダーの育成は急務であった。だから、私は改めて、「リーダー教育は、六月からスタートさせ、毎日、つまり月に二十回勉強会を実施し、事前学習、事後報告書の提出も義務づけたい。さらに最後は一泊の合宿も入れたい」と伝えた。地獄の特訓のように思えるかもしれないが、リーダーの意識は一気呵成《いっきかせい》に変えるしか方法はない、そう私は考えていたのである。

このスケジュールへの反発はさらに大きかった。意識改革のメンバーは、経営幹部がいかに忙しいかをよく知っていた。だから、「物理的に出席できるはずはないし、強制的に参加させるようなことはしてはいけない」と反対した。確かにそれは一理ある考え方である。

しかし、ここで私が現状に理解を示し、妥協してしまっては、その場を収めることはできても、結局は再建を遅らせてしまうことになる。そこで、繰り返しリーダー教育の重要性とスピードが求められていることを説明し、結果として、土曜日にも勉強会を開き、週四回、計十六回のリーダー教育を実施するというスケジュールとした。

次はリーダー教育の中身、つまりカリキュラムである。私は、「一番大事なリーダーの在り方や経営哲学については、稲盛さんに講義をしてもらうのが不可欠だろう。だから、毎週講義をお願いしてみたい。その際は、稲盛さんと直接話ができるコンパも設定したい。また、京セラで長く社長、会長を務めた伊藤謙介さん、またＫＤＤＩ会長の小野寺正さん、そして盛和塾塾生企業などからも経験談を話してもらえば、稲盛さんの経営哲学の理解は深まるだろう」と考えていた。

さらに、ＪＡＬの幹部は、数字で経営することの重要性も、企業会計の基本もわかっていないようだったので、稲盛さんの著書『稲盛和夫の実学』（日本経済新聞社）の中の「７つの会計原則」を学べるようにしたいと思っていた。「その時は、稲盛さんが母校の鹿児島大学で講演したビデオもあったので、それを視聴してもらおう」と考えていた。このようにして、毎日のように、稲盛さんから、リーダーの在り方や経営哲学などを学べば、幹部社員は必ずリーダーとして成長できると考えたのである。

ところが、それを意識改革のメンバーに説明すると、経営幹部を全員集めて「その程度のカリキュラムで大丈夫でしょうか」と不安感を隠せないようだった。そして、「やはり外部から一流講師を呼んだほうがいいのじゃないでしょうか」と言ってきた。彼らは、まだ稲盛さんのことをよく理解していなかったし、稲盛さんが毎週講義してくれるかも心配だったようだ。

そのことを含め、とにかく稲盛さんに確認すべきだと思い、相談に行った。稲盛さんからは「このスケジュールはちょっと強引すぎるのじゃないか。もっと慎重にすべきだと思うが、お前がやるべきだと思うのならやったらいい」と了解してもらった。毎週の講義についても「大変だけれど、俺がしないわけにはいかないな」と了承してもらった。

また、「せっかくの機会だから、よく人物を見とけよ。お前は何を基準に人を見るのだ」とも聞かれた。私が「ＪＡＬが一番好きで、まじめで一生懸命で、しかも明るい人がリーダーに相応《ふさわ》しいと思っています」と答えると、「それでいい」と言われた。

稲盛さんの了解をもらった後、すぐに受講者の人選を始めた。私は、役員だけでなく、女性や将来性のある若手を加えてほしいと伝え、五十二名のメンバーが決まり、それぞれに出席のお願いをすることになった。

ある程度予想はされたとはいえ、彼らの反発は激しかった。もともと経営幹部は教育を受けることはないと考えていた。だから、「なぜ今更教育を受けなければならないのだ」「毎日のように勉強会に出るなんてとても無理だ」「安全運航やお客様サービスを考えても、幹部全員を同じ時期に勉強会のために職場を離れさせるのはおかしい」との意見もあった。

「勉強会の意味はわかるが、回数は減らすべきだ。月に一回、あるいは、せめて週一回にしてほしい」との要望もあった。特に、六月からというスタート時期については反対意見が多かった。それぞれの職場で、希望退職者を募集するなど、構造改革を進めていた時期でもあり、六月末に裁判所に提出する予定の詳細な更生計画をまとめなければならないという事情もあった。六月は一番忙しくてタイミングが悪い。だから、「秋から始めてはどうか」とも言われた。

ＪＡＬ幹部からだけでなく、管財人の方々からもあまりにも強引だという批判が出てきた。

そのような反発があることは最初からわかっていた。しかし、せっかく立派な更生計画を作ってもリーダーの意識が変わらなければ、実行されない可能性のほうが高く、それでは再建ができるはずはない。また、幹部の意識が変わらなければ、社員の意識も変わるはずはない。私は、そう思い、予定通り、リーダー教育を進めることにした。その結果、他の事情もあったとは思うが裁判所への更生計画の提出は遅れることになり、大変迷惑をかけることになった。しかし、その後、更生計画は予定通り実行されるどころか、計画以上の実績を残すことができた。

こうしてリーダー教育はスタートしたのだが、毎回の準備は大変だった。予定していた稲盛さんの「実学」のビデオもＪＡＬにあるわけではなく、京セラから借りてこなければならなかった。また、聞いてみると編集もされていない。私は京セラの教育部に無理を承知で頼んで、教材として使えるようなレベルにまで編集をしてもらったのだが、出来上がるのは勉強会前日ぎりぎりだった。

稲盛さんの講義の後に予定していたコンパに対しても、直前になって「やはりコンパだけは勘弁してほしい。社員が一生懸命仕事をしている中で、役員が社内でお酒を飲んでいると士気に関わります」と言ってきた。私は、「お酒を飲んでどんちゃん騒ぎをするのが目的ではない。学んだことを率直に議論するためのコンパなので予定通り進めます」と突き放した。

また、このリーダー教育はＪＡＬ再建の要であり、当初のメンバーだけで終わらすつもりはなかった。リーダー教育の内容はビデオで収録し、その後の幹部教育に役立てたいと考えていたのだ。しかし、これも直前になって、「ＪＡＬにはビデオ機材がないので、無理です」と言ってきた。それも京セラに頼んで、ビデオ撮りをしてもらうことにした。走りながら考えるとは言っていたのだが、本当にドタバタのスタートでしかなかった。

◉リーダー教育のもう一つの狙いは幹部間の一体感を高めること

リーダー教育を始める前に、私は意識改革推進準備室のメンバーに「毎回、出席者の座席を指定し、変えてほしい」という注文も出していた。それは、リーダー教育のもう一つの目的に、幹部間の一体感を高めたいという思いがあったからである。

先にも説明したように、本部長同士は予算獲得のライバルでもあったので、互いに文句ばかり言い合っていた。職場が本社だったり、空港だったりと物理的にも離れていたこともあり、ほとんど会話を交わしたことがない幹部も多かった。そのため、部下の人たちも、他の本部の人とのコミュニケーションを避けていたようだ。本部長同士がライバルなのに、部下同士が親しくしてはだめだろうというのである。これでは、いつまでたってもＪＡＬ全体の一体感が高まるはずはない。

幹部全員が集まるリーダー教育はお互いを知る機会にもなるはずだ。しかし、席が自由に決められるのであれば、おそらく仲のいいメンバー同士が集まるだろう。そうなると、せっかくのチャンスを十分に生かすことができない。だから、座席指定にするようにしたのである。

こうして、ライバル同士でもあった本部長などが、毎日のように、勉強会で、またコンパで親しく言葉を交わすことになった。そうすると「文句ばかり言っていたけど、同じように苦労をしていたんだ。助け合わなくてはいけない」「こんないい人だったのか」「もっと協力したらよかった」という意見が出るようになった。私も「本部長同士が議論して良いと思ったことはどんどんやってください」「仲間じゃないですか。ぜひ心を一つにして協力し合ってほしい」とよく話した。

それまでは「上だけで決めると下が混乱するからトップ同士では決めないでくれ」というのが暗黙のルールになっていたようだ。しかし、毎日のように、リーダー教育に出席し、顔を合わせ、話をしているのである。自然に連絡を取り合い、協力することができるようになっていった。そうすると、部下の人たちも同じように他部門の社員と積極的に交流するようになる。こうして、幹部同士が親しくなることにより、部下の意識も変わり、部門間のコミュニケーションは少しずつ良くなっていった。

◉幹部たちを感激させた稲盛さんの鬼気迫る講義

このリーダー教育の目的は、そもそも稲盛さんの経営哲学を幹部に浸透させ、リーダーとして大きく成長してほしいということにある。そのため、稲盛さんには大変無理をお願いして、週一回計五回の講義をしてもらった。その効果は絶大だった。結果として、ＪＡＬの幹部の意識をあっという間に変えたのである。

初回は六月一日である。夕方六時から、役員会議室に集まってもらい、稲盛さんからは「リーダーのあるべき姿」と題して、リーダーの重要性、リーダーのもつべき考え方、成功方程式、人格の重要性などについて、経験を交えながら講義してもらった。

その後、同じ場所でコンパが始まった。コンパは千五百円の会費制で、八つほどに分かれた会議テーブルに、事前に準備してあった缶ビールとパック寿司などを並べて始めた。私は、自由闊達に議論ができるようにしたかったのだが、冒頭の乾杯の挨拶だけは予定に入れていた。ところが、すぐさま稲盛さんから注意があった。「お前は形式にこだわらないと言っていたので、俺は自分のテーブルでもう議論を始めている。形だけの乾杯の挨拶はやめてくれ」と言うのだ。常に本質を考える稲盛さんに私は脱帽した。

そうして始めたコンパだったが、初回は、どこかぎくしゃくして全く盛り上がらずに終わった。


翌週から、「稲盛経営12か条」について稲盛さんに四回にわたって講義をしてもらった。「経営12か条」とは稲盛さんが経営の要諦を十二の項目にまとめたもので、次のような内容となっている。（京セラコミュニケーションシステムにてCDが発売されている）

第1条「事業の目的、意義を明確にする　公明正大で大義名分のある高い目的を立てる」

第2条「具体的な目標を立てる　立てた目標は常に社員と共有する」

第3条「強烈な願望を心に抱く　潜在意識に透徹するほどの強く持続した願望を持つこと」

第4条「誰にも負けない努力をする　地味な仕事を一歩一歩堅実に、弛まぬ努力を続ける」

第5条「売上を最大限に伸ばし、経費を最小限に抑える　入るを量って、出ずるを制する。利益を追うのではない。利益は後からついてくる」

第6条「値決めは経営　値決めはトップの仕事。お客様も喜び、自分も儲かるポイントは一点である」

第7条「経営は強い意志で決まる　経営には岩をもうがつ強い意志が必要」

第8条「燃える闘魂　経営にはいかなる格闘技にもまさる激しい闘争心が必要」

第9条「勇気をもって事に当たる　卑怯な振る舞いがあってはならない」

第10条「常に創造的な仕事をする　今日よりは明日、明日よりは明後日と、常に改良改善を絶え間なく続ける。創意工夫を重ねる」

第11条　「思いやりの心で誠実に　商いには相手がある。相手を含めて、ハッピーであること。皆が喜ぶこと」
第12条　「常に明るく前向きに、夢と希望を抱いて素直な心で」

稲盛さんは、毎回ご自分の経験を交えて具体的な事例を入れながら、この「経営12か条」について一生懸命講義をされた。風邪をひかれ、体調を崩された時もあったが、それでも「血をはくような思いで話をしているので、ぜひ理解してほしい」と熱く語られるなど、その講義には鬼気迫るものがあった。

それでも、リーダー教育を始めた当初は、多忙を極めていた幹部たちは「早く終わればいいのに」と言わんばかりの態度であった。その後のコンパでも、積極的に稲盛さんに話しかける人は誰もいなかった。おそらく、稲盛さんが参加したコンパで、これほど盛り上がりに欠けたことはなかっただろう。

「このままで大丈夫だろうか」と心配したが、三回目のコンパの席で一人のＪＡＬ幹部が手を挙げた。企画畑出身でエース中のエースと言われ、将来の社長候補と見られていた人である。彼は「私がこれまでやってきたことは間違っていた。本当に申し訳ない。稲盛会長が教えておられることはすべて正しい。私たちがもっと早くこういう教育を受けていたら、ＪＡＬも倒産することはなかっただろう」と発言したのである。

彼は企画畑だったので見栄えのいい計画を作って、銀行からお金を貸してもらえればそれでいいと考えていたようだ。計画が実行できるかできないかは現場任せで、現場が実行しないのなら、「現場がだめなんだ」と考えていたという。

そのような旧ＪＡＬを代表する人が、「稲盛さんが正しい」と発言したのである。この発言が場の空気をガラリと変えるきっかけになる。その後、稲盛さんの周りには、多くの幹部が集まり、遅くまで話をしていた。みんな内心では同じ思いだったのだ。

その後のリーダー教育は、コンパも含め盛り上がったものになった。稲盛さんの講義の中で、出席者が一番関心をもったのが、京セラとＫＤＤＩの前身である第二電電の創業の話だった。どちらも空理空論ではなく実体験に裏打ちされた話だから迫力が違う。実績がある人の話を聞くのと、経営の教科書を読んだり、経済評論家の話を聞いたりするのとでは全然違う。リーダー教育に出席していた人たちも、教養として稲盛さんの本は読んでいたが、本人から直接生の声を聞いて、「だから成功したんだ」と身をもって感じたようだった。

その頃から、出席した人たちからは「稲盛さんの実体験に基づく話は具体的で、すごく迫力がありよくわかる。もっと勉強したい。勉強したことを実践したい、部下に伝えたい」との声を聞くようになった。そして「この人についていこう」という思いが少しずつ生まれてきているようにも感じられた

成功した人の体験談ほど、興味をひくものはない。だから、私たちは、歴史上の成功者の著書や伝記をよく読む。そして、もし現役であれば、直接話を聞きたい、そこから何かを吸収したいと願う。それが普通であろう。

初めは警戒感もあったようだが、稲盛さんの講義を直接聞き、酒を酌み交わす中で、稲盛さんに心酔していく幹部が増えてきた。また、「稲盛さんの講義を聞いたと妻に話したら、うらやましい。そんな機会はめったにないのだから、私にも話を教えて」と言う人も何人もいた。リーダー教育は回を追うごとに、熱のこもったものになっていった。

◉数字で経営するという意識をもたせる

最初の二週間では、稲盛さんの直接の講義に加えて、先ほど紹介したように『稲盛和夫の実学』の中の「7つの会計原則」について、ビデオではあったが、三回に分け

て講義を視聴してもらった。当たり前であるが、正しい数字がタイムリーにわからなければ経営はできない。稲盛さんは、京セラ創業当時より、そのことに気が付き、そのための原則を七つにまとめた。

すべて基本的なことばかりであるが、経営幹部が数字をベースとして経営していくためには、この当たり前のことを理解している必要があると考え、カリキュラムに入れたのである。この「7つの会計原則」の概要は次の通りである。

1　一対一対応の原則

日々の事業活動の中ではモノとお金がたえず動いている。会計処理では常にモノ（お金）と伝票を一対一で対応させることが必要であり、このことを「一対一対応の原則」と呼ぶ。

どのような時も必ず「一対一対応の原則」を貫き、モノが動けば、必ず伝票が起票されるようにしなければならない。そうすることによって常にモノやお金の流れが正しく把握でき、会計データは常に会社の実態を正確に表すことができる。

2　ダブルチェックの原則

人は魔が差したとしか言いようのない過ちをおかすことがある。例えば、今月の実績が計画に届かないので、つい数字を操作してしまうといったことは起こりうる。

こうした人がもつ弱さから従業員を守るために、複数の人や部門がお互いにチェックし、正しい会計処理を行うようにするのが、「ダブルチェックの原則」である。

すべての業務プロセスで常にダブルチェックが徹底されるシステムをつくりあげることで、経営数字に対する信頼性を高めることができる。また、このことは、社員に間違いをおかさせてはならないという愛情の表れでもある。

3　完璧主義の原則

「完璧主義の原則」とは、いかなる曖昧さや妥協も許さず、細部にわたって完璧に仕上げることを目指すものであり、全社員が仕事に取り組むにあたってとるべき基本的な態度である。

これは会計処理でも同じである。「一〇〇%正しい数字でなければならない」という姿勢で仕事に取り組むことが必要である。

4　筋肉質経営の原則

会社経営では、贅肉のない引き締まった経営体質を構築することが肝要である。そのためには、売上や利益を生まない余分な在庫や設備をいっさいもたない「筋肉質経営」を目指すことが必要である。

業績をよく見せたいがために、売れない商品を在庫として計上したり、不良債権を処理しないまま放置していることがある。それでは「筋肉質経営」を実践しているとはいえない。在庫や債権については運用ルールを設けて厳しく管理しなければならない。

こうした努力の積み重ねによって会社は常に健全で強固な経営体質を保つことができる。

5　採算向上の原則

企業には、全社員の幸せを追求するために、さらには株主などのステークホルダーに報いるために常に採算を向上させて強い財務体質を築き、会社を発展させていくことが求められる。そのためには、全社員が経営者意識をもち、創意工夫を重ね、一致団結して、「売上最大、経費最小」を実践し、採算を向上させ強い企業体質をつくらなければならない。

6　キャッシュベース経営の原則

「キャッシュベース経営の原則」とは、「お金の動き」に基づいてシンプルな経営を行うことである。経営で最も重要となる「キャッシュ」に注目し、実際の「キャッシュの動き」と「利益」が直結する経営を行うためにも「キャッシュベース経営の原則」の考え方が大切になる。

7　ガラス張り経営の原則

「ガラス張り経営の原則」とは、経営者だけが会社の実態を把握するのではなく、全社員が経営状況を知ることができる透明な経営を行うことである。「全員参加経営」を目指すためには、全社員が自部門や会社全体の経営状況、経営方針を知ることが欠かせない。経営実態や自分たちが進むべき方向を共有することで経営参加意識が生まれるからである。

リーダー教育では、このような「7つの会計原則」のビデオを視聴してもらった後、JALの経理担当役員にも補足の講義をしてもらった。彼は既に『稲盛和夫の実学』を読んでおり、その趣旨に賛同していたので、この「7つの会計原則」の重要性について、JALの事例を加え、わかりやすく説明をしてくれた。そのおかげで、それまで会計には全く関心のなかった幹部の方々も正しい数字で経営することの重要性をさらによく理解してくれたと思う。

このリーダー教育では、先ほども紹介したように、京セラの創業のメンバーである伊藤謙介元会長やKDDIの創業のメンバーである小野寺正会長などにも大変忙しい中、無理をお願いして講義をしてもらった。お二人とも、稲盛さんの薫陶を受けて、経営者となられた方であり、実体験に基づいたすばらしい講義をしていただいた。

同じように稲盛さんの指導を受け始めたJALの幹部にとっても、お二人が、稲盛さんの経営哲学をどう受け止め、どう経営に生かしていったかは、大変興味あるテーマでもあった。感想を聞いてみると、「お二人の人柄がすばらしい」という声が多かった。「リーダーは、すばらしい人間性をもっていなければならない」という、最初の稲盛さんの講義内容が本当だと感じたのではないだろうか。

◉「六つの精進」

リーダー教育のカリキュラムの中に、私はどうしても入れたいと考えていたものがあった。それは、稲盛さんの「六つの精進」である。稲盛さんは、この「6つの精進」さえ守ろうとすれば、誰でもすばらしい人生が送れると話していた。だから、JALの幹部の方々にも知ってほしかったのである。

しかし、六月のカリキュラムは既に埋まっていた。そこで、追加として七月七日に第十七回目のリーダー教育を開催し、稲盛さんの「六つの精進」ビデオを視聴すると同時に参加者に決意表明もしてもらった。

この「六つの精進」の項目だけを紹介したい。（サンマーク出版から講演DVD付きで出版されている）

一、誰にも負けない努力をする
二、謙虚にして驕らず
三、反省のある毎日を送る

四、生きていることに感謝する
五、善行、利他行を積む
六、感性的な悩みをしない

◉幹部の一体感が一気に高まった「伝説の合宿」

リーダー教育の終盤、六月二十六日土曜日には合宿を予定したのだが、これも最初は大反対された。「幹部がみんな集まって合宿すると安全上のリスクもあるし、お客様サービスもできない」「予算がついていない」「休みがなくなるのは困る」等と言われた。しかし「リーダー教育で学んだことを改めて議論する機会はどうしても必要だ」「そのためには時間の制限なく、本音で徹底して話さなくてはならない」「腹を割って、議論すれば必ず一体感が高まる」「予算がないのであれば、自腹でいい」。そう言って、私は、半ば強引に準備を進めた。

この合宿についても最初はあまり乗り気ではなかった意識改革のメンバーも、最後は積極的に準備を進めてくれるようになった。ただ、五十名ほどの人間が集まり、勉強会を開き、夜は車座となってコンパができ、しかも安価なホテルはなかなか見つからなかった。ぎりぎりになって、川崎にある古いビジネスホテルを若手メンバーが探してきた。そのホテルにある会議室のテーブルを片づけて、レンタル畳を敷き詰めれば、夜はコンパもできるという。

こうして、リーダー教育受講者全員が参加する合宿を実現することができた。勉強会は昼から始まり、コンパは手作りの畳部屋で夕方からスタートした。お酒も入ったこともあり全員がこれからのＪＡＬをどうすべきかと、率直に、自由に、本音で語り合った。「ＪＡＬを再建するためには何が問題なのか」「自分たちはどうすべきなのか」など、丁々発止の議論を続けた。偶然にもこの日は私の誕生日でもあったのだが、サプライズでお祝いもしてもらった。「仲間に入れてもらった」と実感した時でもあった。

熱い議論は止まず、あっという間に時が過ぎ、全員が部屋に戻ったのは明け方の四時頃だった。五十歳前後のＪＡＬのエリート幹部が、若者のように熱い議論をしている。そして、もの凄い一体感が生まれている。今では、「伝説の合宿」と呼ばれているようだが、そう言っても差し支えないほど熱気が充満した一日だった。その中にいて、私はＪＡＬの再建は成功するだろうという確信を初めてもつことができるようになった。

◉変わっていったリーダーたち

リーダー教育に参加した人たちは回を重ねるごとに変わっていった。参加した本人たちも、毎日のように稲盛さんの講義を直接、またはビデオで視聴し、家に帰れば、毎晩のように事前学習をし、報告書を書く。「これだけ集中して勉強すると、稲盛さんの考え方が頭に入って取れなくなってしまい、職場でも家でも自然と稲盛さんの言葉が口から出るようになった」「稲盛さんの考え方に溶け込んでしまった」という人もいた。ＪＡＬの幹部たちは、乾いた砂が水を吸い込むように稲盛さんの考え方を吸収していったのだ。

そうなると当然職場での言葉も態度も変わった。自部門のことしか話さなかった上司が、急にリーダー教育で学んだ「人間としてあるべき姿」を話し始め、「数字で経営するのだ」「部門間の協力こそが大切だ」と言い始めた。そして、文句も言わず率先して一生懸命働くようになるなど、行動も変わった。〝目に見えて〟という修飾語がオーバーではないほど、参加した幹部の考え方も行動も変わったのである。

最初の計画では、初回のリーダー教育のビデオを使い、約千五百名の管理職の方々にも同じようなリーダー教育を受講してもらおうと考えていた。しかし、上司が人間的に大きく成長する姿を見て、「自分も早くリーダー教育を受けたい」「ビデオでいいから稲盛さんの話を聞きたい」という人が続出した。「私はいつ受講できるのですか?」、そんな声もあちこちから聞こえるようになった。

そこで、対象を管理職約三千名として、次の世代のリーダー教育を始めた。終わるのには、かなりの時間はかかったが、管理職約三千名が同じような教育を受けたのである。その効果は大きかった。

このようにリーダー教育を受けた幹部は大きく成長した。ただし、人間の心は弱い。古いＪＡＬ文化の中にいるとすぐに元に戻るかもしれない。そこで、初回のリーダー教育を受講した幹部を中心にして、それ以降も月一回のリーダー勉強会を続けるようにした。この頃になると誰も反対はせず、みなこの機会を楽しみにするようになった。

翌年、後で説明する「ＪＡＬフィロソフィ」が完成すると、毎月の勉強会で、初回のリーダー教育を受講した役員には、稲盛さんの前で、「ＪＡＬフィロソフィ」の項目ごとに自分の考えを発表してもらい、稲盛さんからコメントをしてもらうようにした。稲盛さんの前でフィロソフィについて語るのは大きな負担になることはわかっていた。しかし、稲盛さんの前で自分の考えを発表できるほど真剣に考えてほしかった。また、フィロソフィの理解が間違っていたら大変なことになるので、稲盛さんに、少しでも誤解があれば修正してほしいとも考えていた。

彼らは一生懸命準備し、自分の理解や解釈を発表した。稲盛さんから、間違っているという指摘はほとんどなかった。稲盛さんの直接の薫陶を受けた彼らは、自部門を引っ張っていくだけでなく、ＪＡＬ全体のフィロソフィの宣教師役にもなっていったのである。

この稲盛さんも参加する月例のリーダー勉強会の参加人数は、現場からの希望もあり、少しずつ増え、二百名ほどの規模になり、現在も毎月本社で開催されている。始めた私のほうが「幹部がこんなに集まって問題ないのですか」と聞いたほどである。しかし、彼らは、「大田さん、リーダー勉強会が開催される日の午後の本社を見てください。みんなスケジュール調整して、この勉強会を楽しみに集まってきているのですよ。顔を見たらわかるでしょう」と言う。

この月例のリーダー勉強会に参加していない管理職も、リーダーとしてＪＡＬフィロソフィが本当に身についているかどうか、自問自答できるような勉強会に年三回程度参加するようにしている。

リーダー教育は、一見乱暴とも思えるリーダー育成法であり、当初は反対ばかりであったが、数週間後には、全員が真剣にまた喜んで受講してくれるようになった。それは、「本来JALとは全く関係もない稲盛さんが、何の対価も求めず多くの自己犠牲を払ってまで再建を成功させようと、また、そのために我々を立派なリーダーに育てようと必死になっている」と参加者が感じたからだと思う。稲盛さんの真剣さ、大きな愛、心からの善意、利他の心が、JALの幹部の人たちの心を揺さぶったのは間違いない。

今でもJALの幹部の方々は「あのリーダー教育がなければ今はありません。一か月間本当に大変でしたが、リーダー教育を受けて初めて、経営とは何か、リーダーとはいかにあるべきか、なぜ稲盛さんは会議であああいう発言をするのかがわかるようになりました。今思い出しても、稲盛さんと直接触れ合える本当に貴重な時間でした」と話している。

そして、実際に、現在の植木会長をはじめ、多くのすばらしいリーダーの方々が育ち、現場で率先垂範して困難と思われた再建計画を着実に、しかも前倒しで達成しただけではなく、さらなる改良改善を進め、実績を向上させていった。フィロソフィの宣教師となり、社員の意識改革にも先頭に立ち取り組んでくれた。それに従って利益はグングン上がり始め、当初、一〇〇％不可能と指摘された、再建計画初年度の営業利益目標六百四十一億円の三倍近い、千八百八十四億円という過去最高の利益を生み出したのである。

第六章

全社員の意識を高め、一体感を醸成する

冒頭にも述べたが、意識改革を成功させるためには、全社員の意識を高め一体感を醸成するような仕組みを作ることも不可欠である。そのことについて次に説明したい。

どういう組織であろうと同じだと思うが、組織である以上、成果を生み出そうと思えば一つの目標を目指して互いに協力し合うような一体感が不可欠である。しかし、私が着任当時のJALは、自ら「蛸壺《たこつぼ》文化ですから」と自嘲気味に話していたように、バラバラであり、全社員が一致団結して再建に取り組もうという雰囲気はなかった。

その一体感を高めるために、私は、まずJALの全社員が納得し、共有できる共通の価値観、つまり、JALフィロソフィを策定し、その後、全社員を対象としたフィロソフィ教育を実施したいと考えていたのである。

◉フィロソフィは魔法の言葉

リーダー教育が軌道に乗り始めた六月下旬、私は改めて、年内にJALフィロソフィを策定しようと考えている旨を稲盛さんに報告した。当然稲盛さんはその重要性はよく理解されていたが、年内に完成させたいという私の提案には、「そんなに急いでも、いいものは作れないのじゃないか。あまり無理はしない方がいい」とのアドバイスをいただいた。

実際、京セラでフィロソフィをまとめるのにも三年ほどの時間がかかっていた。稲盛さんがボランティアで経営指導をしている盛和塾の塾生企業でさえ、フィロソフィは一年程かけて作っているのが普通だった。それを私が年内には完成させたいというのだから、無理をしない方がいいというのは適切なアドバイスだったと思う。

しかし、リーダー教育を受講し、稲盛さんの考え方に共鳴している幹部を集めて京セラフィロソフィを勉強してもらい、徹底的に議論してもらえれば、年内の作成は可能だと私は感じていた。また、現実問題として、三年で再建を終えるためには、二年目にはフィロソフィ教育を始めなくてはならない。そうすると、どうしても年内に完成させる必要があった。

そのことを稲盛さんに説明すると「わかった。やってみたらいい、ただし、最後は俺がチェックする」との回答をもらった。

すぐに、意識改革のメンバーに、このことを伝えた。もともとの私の計画に入っていたとはいえ、私が本気で作成に取り掛かるとは思っていなかったようで、驚いていた。京セラフィロソフィの策定過程も話していたので、十二月までに完成させるというスケジュールは無理だというのが反応だった。

それでも、ぜひやるべきだと伝え、JALフィロソフィ策定ワーキンググループを作ることにし、リーダー教育受講者の中から十名を選んでもらい、九月より策定作業を始めた。

JALのメンバーで主体的に考え、作成してもらうことが大事なので、私はワーキンググループには入らず、オブザーバーという立場で参加した。ただ、当然、大きな責任がある。そこで、最初に、JALフィロソフィを作成する目的とスケジュールについて説明をした。

一般的にフィロソフィと言えば、「哲学」のことを指す。しかし、稲盛さんが使っている「フィロソフィ」という言葉は、独自の意味、価値観がある。もともと、稲盛さんが若いころ、研究に明け暮れている中で、心のありようで、研究結果が変わることに気づき、そのことをノートの端などにメモをしていた。それがオリジナルのフィロソフィになったと聞いている。

また、最初に就職した松風工業時代にある人物に、人生や経営の在り方について話をしていると、相手の方は感銘し、「あなたにはフィロソフィがある」と言われたという。初めてフィロソフィという言葉を聞いた稲盛さんは、その後、自分の人生や仕事に対する考え方を「フィロソフィ」と呼ぶようになった。

そのように、稲盛さんの「フィロソフィ」という言葉には特別な意味があるのだが、ＪＡＬの幹部に初めからそれがわかるはずはなく、最初は意見が嚙み合わないのは当然だったかもしれない。それにもかかわらず、私は、「稲盛さんのフィロソフィをベースに年内に四十～五十項目のＪＡＬフィロソフィを作りたい」、また「ＪＡＬフィロソフィが完成し、それを冊子にまとめても、机の引き出しや自宅に置かれてしまっては意味がない。京セラフィロソフィと同じように手帳として常に携帯でき、仕事中でも参照できるようにしたい」「ＪＡＬフィロソフィ手帳を全グループ社員に配り、来年からフィロソフィ教育を始めたい」と提案をした。

リーダー教育を受けた中から選りすぐりのメンバーを選んでもらったので少しはわかってもらえるかと期待していたのだが、最初は反対意見の方がずっと多かった。「稲盛さんのフィロソフィは製造業向けであり、我々サービス業には向かない」「もし社員に携帯してほしいのであれば、最も大事な五項目くらいのフィロソフィを選び、それをカードにして配ればいいじゃないか」。そのような意見が続いた。

後で聞いてみると、数年前に、部門間の壁を破り、一体感を高めようと、社員からのメッセージなどを掲載した「ひらけ、ＪＡＬ。」という名前の手帳が作成され全員に配られていた。しかし、社員への浸透が難しく、うまくいかなかったので、同じ失敗を繰り返したくないとのことだった。

それでも私は京セラの事例などを丁寧に説明したが、なかなか納得はしてくれない。その時、ある盛和塾塾生が、「私の会社で苦労してフィロソフィを作り、一生懸命社内に浸透させたら、想像もつかないほど社内の雰囲気が変わった。フィロソフィは魔法の言葉です」と話していることを思い出した。そこで、私は、「皆さんの理屈はよくわかる。でも、フィロソフィは魔法の言葉です。京セラフィロソフィを参考に、しかし真似することなく、ＪＡＬ独自のものを作ってほしい。そうすれば必ずＪＡＬの文化は変わる」とお願いをした。そこまで話をするとようやく納得してくれた。

しかし、時間がないのは事実である。私は「京セラフィロソフィは七十八項目あり、手帳にまとめやすくするために各項目の文字数も一定になっている。しかし、そんな緻密な作業はとてもできないだろう。だから、文字数の調整はしなくてもいい。それでページに多少の余白があっても構わない。ＪＡＬの事例も、独自の表現もできるだけ入れ、ＪＡＬの社員が親しみを感じ、受け入れやすいものを作ってほしい」と伝えた。

納得すると仕事が早いのはＪＡＬの特徴かもしれない。ワーキンググループのメンバーは、幹部の方々ばかりで、毎日仕事に追われている。それにもかかわらず、彼らは一生懸命京セラフィロソフィを勉強し、週末も含めてフィロソフィ策定作業に取り掛かってくれた。

どうにか原案のようなものができたので、これでうまく進むかもしれないと思っていると、ワーキンググループのメンバーから「自分たちはいいと思うけれども、社員は受け入れてくれないかもしれない」「我々には理解できるけれど、社員には無理ではないか」「やはりやめたほうがいいのではないか」という意見が出てきた。策定したメンバーが自信をもてなくては、フィロソフィを浸透させることはできない。そう感じた私は「わかりました。それなら百名ほど若手社員に直接ヒアリングをして、意見を聞いてみましょう」と提案した。

これで社員の反応が悪かったら「ＪＡＬフィロソフィ策定プロジェクト」は終わってしまう。ある意味大変な賭けだったが、私は、それまでの会話から、若い純粋な社員ほど、ＪＡＬフィロソフィを受け入れてくれると信じていた。

さっそく意識改革のメンバーが手分けして、ヒアリングを実施したのだが、結果は「当たり前のようなことばかりだけれど、それができていなかったので倒産したのであり、このようなものがあった方がいい」という肯定的な意見がほとんどだった。それを聞いて、ワーキンググループの方々も安心し、策定作業を進めることができた。

それでも、なかなか文章を完成させることはできなかったので、最後は私も意識改革のメンバーと一緒になり、文章の修正や整理を手伝い、どうにか計画通り十一月には四十項目あるＪＡＬフィロソフィの最終案を作成することができた。

◉ＪＡＬフィロソフィの構成と完成

ＪＡＬフィロソフィの策定作業では、当初、全体構成をどうするかまで考える余裕はなかった。そこで、ＪＡＬフィロソフィとして四十項目が決まった後に、私と意識改革のメンバーで構成を考えることにした。そして、最終的には次のようになったのだが、その背景を説明させていただきたい。

人生・仕事の結果＝考え方×熱意×能力
第２章　正しい考え方をもつ
人間として何が正しいかで判断する
美しい心をもつ
常に謙虚に素直な心で
常に明るく前向きに
小善は大悪に似たり、大善は非情に似たり
土俵の真ん中で相撲をとる
ものごとをシンプルにとらえる
対極をあわせもつ
第３章　熱意をもって地味な努力を続ける
真面目に一生懸命仕事に打ち込む
地味な努力を積み重ねる
有意注意で仕事にあたる
自ら燃える
パーフェクトを目指す

第4章　能力は必ず進歩する

能力は必ず進歩する

第2部　すばらしいＪＡＬとなるために

第1章　一人ひとりがＪＡＬ

一人ひとりがＪＡＬ

本音でぶつかれ

率先垂範する

渦の中心になれ

尊い命をお預かりする仕事

感謝の気持ちをもつ

お客さま視点を貫く

第2章　採算意識を高める

売上を最大に、経費を最小に

採算意識を高める

公明正大に利益を追求する
正しい数字をもとに経営を行う
第3章　心をひとつにする
最高のバトンタッチ
ベクトルを合わせる
現場主義に徹する
実力主義に徹する
第4章　燃える集団になる
強い持続した願望をもつ
成功するまであきらめない
有言実行でことにあたる
真の勇気をもつ
第5章　常に創造する
昨日よりは今日、今日よりは明日
楽観的に構想し、悲観的に計画し、楽観的に実行する
見えてくるまで考え抜く

スピード感をもって決断し行動する
果敢に挑戦する
高い目標をもつ

（JALホームページより）

まず、全体を二部構成にし、第1部は「すばらしい人生を送るために」、第2部は「すばらしいJALとなるために」とした。理由は簡単である、稲盛さんがいつも話していることだが、フィロソフィを学ぶのは決して会社の業績を上げるためではなく、社員にすばらしい人生を送ってほしいからである。すばらしい社員が増えれば、自然にすばらしい会社になる。だから、第1部を「すばらしい人生を送るために」としたのである。

第1部「すばらしい人生を送るために」の第1章は先ほども詳しく説明した「成功方程式（人生・仕事の方程式）」とした。それ以降の章では成功方程式の各項目の説明、具体的には第2章が「正しい考え方をもつ」、第3章が「熱意をもって地味な努力を続ける」、第4章が「能力は必ず進歩する」とした。最も大事な「考え方」は八項目、「熱意」は五項目、「能力」は一項目となっている。社員の皆さんにすばらしい人生を送ってもらうために必要なフィロソフィを大切な順番に理解してほしいと考えたのである。

第2部の「すばらしいＪＡＬとなるために」の構成は、ストーリーをつけ、少しでも社員が理解しやすいようにした。

それまでのＪＡＬの大きな問題は、批評家や傍観者的な人が多く、自分もＪＡＬの重要な構成員であり、自分にも経営責任があるという思いをもっている社員が少ないということだった。そこで、第1章は「一人ひとりがＪＡＬ」として、全員が当事者意識をもつことの必要性を伝えるようにした。

第2章は「採算意識を高める」であるが、これは当事者意識をもったら次は全社員に採算意識、経営者意識をもってもらおうと考えたからである。

第3章は「心をひとつにする」である。それぞれの社員が当事者意識をもっても、ＪＡＬ全体がバラバラであっては意味はない。組織として一体感をもち、まとまらなければならない。その必要性がわかるようにした。

そして、まとまったら燃える集団になってほしいと第4章は「燃える集団になる」とした。

しかし、ただがむしゃらに頑張ればいいというものではない。そこで最後の第5章は「常に創造する」とした。そしてこの章の最後には、「果敢に挑戦する」「高い目標をもつ」を加え、現状に安住しないことの大切さを強調した。

いずれの項目も、当たり前のことばかりであり、「こうあってほしい」とみんなが思うようなことばかりであるが、それにこのようなストーリー性を加えたことにより、さらに理解しやすくなったのではないだろうか。

ＪＡＬフィロソフィの原案ができると早速稲盛さんのところへもって行った。急いで作ったものなので項目ごとの文字数もバラバラで、京セラフィロソフィのように整理はされていない。しかし、ＪＡＬの心は籠っている。きっと理解してくれるだろう。そう思う反面、不安もあった。

稲盛さんは丁寧に読まれ、「よくできた。これでいい」とコメントをもらった。その時の安堵感は忘れられない。

◉新しい経営理念を策定する

社員の一体感を高めるために最も重要なことは、経営の根本となる経営理念を定めることであり、稲盛さんは会長就任後すぐに、「全社員の物心両面の幸福を追求すること」が経営の目的であると明言されていたので、それをベースに経営理念を作り変えることは決まっていた。しかし、その作業はなかなか進んでいなかった。

二〇一〇年十二月に、ＪＡＬの新しい経営体制が発表され、私は専務執行役員となった。その役割は「会長補佐、教育、経営理念、意識改革総括、意識改革推進部担当」となっていた。つまり、経営理念策定の担当役員にもなったのである。もともとＪＡＬフィロソフィ策定時には経営理念も改訂し、同時に発表することになっていた。そうであれば、担当役員として、新しい経営理念案を作り、年内に役員会にかけ、承認してもらわなくてはならない。

時間はないので、稲盛さんとも相談をし、原案を考えた。そして、十二月も末を迎えるころ、担当役員として大西社長に原案をもっていき、少しの修正をしたのち、大西社長に決めてもらったのが、次のような経営理念である。

ＪＡＬグループは、全社員の物心両面の幸福を追求し
一、お客さまに最高のサービスを提供します。
一、企業価値を高め、社会の進歩発展に貢献します。

それまで、経営理念の作成が進まなかったのには理由があった。稲盛さんが「経営の目的は全社員の物心両面の幸せを追求することである」と社内で話し、社員を鼓舞しようとすることは理解できる。しかし、それを経営理念として正式に発表すれば、「多くの金融機関や株主などの犠牲や協力の上に再建を進めようとしているのに、社員だけの幸せを目指すというのは会社のエゴそのものではないかと批判されるだろう」ということであった。だから、新しい経営理念の作成は進まなかったのである。

大西社長なども、そのことに引っ掛かりがあったようだ。そこで私が、稲盛さんの受け売りで、「社員を幸せにしようという会社であれば、社員はみな自分の会社だと思って自分の会社を少しでも良くしようと一生懸命努力をする。資本主義社会では株主価値を最大にすることが企業の目的だと言われるが、社員が喜んで仕事をし、立派な業績を上げれば、結局は株主価値も上がる。社員すら幸せにできないで、会社がうまく運営できるわけがない。だから、このような文言は全く問題ない」と伝えると、どうにか了解してくれ、先ほどの経営理念になったのだ。

しかし、この不安感はほかの幹部の方々ももっていたようで、大西さんとの打ち合わせた後には、管財人の方々からも再考を求められた。しかし、同じように説明をして、どうにか受け入れてもらった。ただし、誤解を生まないように、その注釈を経営理念の後につけることにした。

こうして新しい経営理念案はＪＡＬフィロソフィとともに、二〇一〇年十二月に役員会に上程された。「ＪＡＬフィロソフィ」は1項目ずつ読み上げられ、全員の了解をもらうことができ、正式に承認された。ただし、新しい経営理念については、「社員の幸せを追求するという点が前面に出すぎているので、マスコミから袋叩きに遭うのではないか。再建がやっと軌道に乗りつつある時に危険じゃないか」という意見もまだあった。

稲盛さんは、「それは私の経営哲学の基本であり、変えることはできない。社員が幸せでない会社が発展できるはずはなく、資本主義のメッカと言われるニューヨーク株式市場に京セラは上場しているが、そのことで批判されたことは一度もない」と説明をした。これによって、全員の了解を得ることができたのである。

新しい経営理念は、ＪＡＬフィロソフィとともに翌年1月に正式に発表されたが、マスコミから批判を受けることは全くなかった。

◉フィロソフィ教育の準備を進める

二〇一一年一月十九日、破綻から丁度一年目のこの日、予定通り、新しい「ＪＡＬグループ企業理念」と「ＪＡＬフィロソフィ」が発表された。社員にとってもＪＡＬが生まれ変わるということを象徴する出来事であった。

ＪＡＬフィロソフィについては、業者にも無理をお願いし、この日に間に合わせて手帳にしてもらい、二月初旬には全社員に配ることができた。それぞれの職場では、幹部の方々が一冊一冊、「これは貴重なものです。これであなたの人生が変わります」と言葉を添えて手渡してくれたようだ。また、少し時間はかかったが、英語版・中国版も作り、海外にいる社員にも配布することができた。

ただ、フィロソフィ手帳を作ることが目的ではなく、それを使った全社員を対象としたフィロソフィ教育を始めることが本来の目的である。そのための準備を始めていたのだが、一月末に意識改革のメンバーから突然、「倒産したことにより、不要な施設は契約を打ち切ったり売却をしたため、フィロソフィ教育をする場所がありません」との報告があった。そんな馬鹿なと困っていると、整備本部長から「羽田に不用品などが置いている倉庫があるので、そこを改造すれば使えるかもしれません」というアドバイスをいただいた。

二月早々、小雪が降る中、見に行ってみると、古いビルに使っていない椅子やテーブルが置いてある広い物置のような場所があった。確かにそこを整理し少し改造すればフィロソフィ教育用の教室がいくつか作れそうだった。しかし、もう時間もなければ、予算もない。そこで、「みんなで協力し、できるだけ手づくりで教室を作ろう」と呼び掛け、三月末にはフィロソフィ教育用の教室を作ることができた。椅子も机も、使い古しの不揃いのものだが、そんな手作りの教室がフィロソフィ教育の出発点になった。

その年の三月十一日に東日本大震災が発生し、大地震、大津波に原発の事故も重なって日本中が騒然となっていた。再建途上のＪＡＬにも大きな打撃を与えることが予想され「フィロソフィ教育どころじゃないのではないか」という声も出た。しかし、その意義をあらためて説明し、予定どおり四月から全社員を対象とした「ＪＡＬフィロソフィ教育」を開始することができた。

◉自社の文化は自社で作る

ＪＡＬフィロソフィ教育のスタイルは五十名程度の社員を一つの教室に集め、一つのテーブルに五、六人が座り、ＪＡＬフィロソフィについて全員で学び、議論する形とした。また、当初から、自社の文化は自社で作るのが基本だからすべて自前でやろうと話をしていたのだが、三万名を超える社員のフィロソフィ教育を意識改革の五人で行うのは物理的にも不可能である。そこで、意識改革のメンバーは知恵を出し、ＪＡＬグループ各社、各本部から、合計十名ほどのスタッフに来てもらうようにした。

彼らは、一年ほどの期間ではあるがＪＡＬフィロソフィ教育のシナリオや教材作成を担当し、また、実際のフィロソフィ教育の進行役を務めることになった。バラバラの部署から集まりＪＡＬフィロソフィを初めて知った、しかも社員の前で話などはしたことがないような人ばかりであるが、彼らは、意識改革の重要性やＪＡＬフィロソフィの大切さをよく理解してくれていた。

当初、彼らからは「私たちは素人であり、時間もないので、京セラのフィロソフィ教材を使わせてほしい」という要望があった。それが一番簡単で確実かもしれない。

しかし、私は「もし、京セラのフィロソフィ教材を使えば、社員はどう感じるのかをよく考えてほしい」と伝えた。それは稲盛さんの講演ビデオでも同じだった。

「安易に京セラや稲盛さんのビデオを使えば、フィロソフィ教育の形はできるかもしれない。しかし、ＪＡＬの人たちはそれで心を動かされるだろうか。それよりも、ＪＡＬの社員が一生懸命作ったビデオの方が、受け入れられるはずだ。ＪＡＬにも、現場にはＪＡＬフィロソフィに描かれたようなことを日ごろから実践しているすばらしい社員がいくらでもいる。だから、できるだけＪＡＬの現場の事例を入れて、皆さんで、ＪＡＬの社員が納得し、感動するような教材を作ってほしい」

とお願いした。

これはハードルの高い要求であり、苦労をかけたと思う。しかし、彼らは、それを真摯に受け止め、自分たちがＪＡＬの新しい文化を作るのだと、一生懸命フィロソフィを勉強し、毎晩、遅くまでシナリオの検討や教材ビデオの作成をしてくれた。そして、私のところに「やっとできました」と報告に来た。

しかし、最初のころは、シナリオもビデオも私の目から見ると納得できるレベルではなかった。「全く駄目だ、作り直してほしい」と言い返していた。彼らは落胆して帰っていったが、数日後には修正したものをもってきた。その繰り返しで、ＪＡＬの社員の方々が本当に納得し、感動するビデオ教材ができた。

そして、彼らが、実際にＪＡＬフィロソフィ教育の進行を担当するようになった。自分たちで心を込めて作ったシナリオに従い、魂の入ったビデオを見てもらい、進行するのだから、受講する社員も真剣に受講してくれた。

◉「自分たちもＪＡＬの一員」と感じてくれた非正規雇用の社員たち

このフィロソフィ教育の目的は、ＪＡＬ社員の意識を高め、一体感を醸成することである。だから、私の頭の中には、ＪＡＬ社員の中で正社員とか非正規雇用社員という雇用形態の区別は全くなかった。同じ目的で同じ職場にいるのであれば、同じ教育を受け、一緒に学ぶのは当たり前だと思っていた。

実際、空港などの現場には、ＪＡＬグループ各社の契約社員や派遣社員、また委託先社員の方たちが多数働いていて、その人たちもＪＡＬの正社員と同じように頑張っている。また、お客様から見れば、ＪＡＬの制服を着た社員はみな同じであり、「彼女は関連会社の派遣社員だから、サービスが悪くても仕方ないのです」という言い訳が通用するはずもない。

だから、私は、雇用形態がどうであれ、ＪＡＬグループで働いている全員が一緒にフィロソフィ教育を受講できるようにしたいと考えていた。

それまでのＪＡＬではそうではなかった。倒産する前に行われていた社員教育は正社員を主な対象としており、非正規雇用社員は単なる労働力として扱われて、コスト削減の対象にはなっても、教育の対象にはならなかったのである。しかし、会社がお金をかけて大切に育成しようとしているのは正社員だけだとすれば、現場で頑張っている非正規社員たちのモチベーションが上がるはずも、職場の一体感が高まるはずもない。

当初、このことを提案すると意識改革のメンバーは驚いたようだ。私が提案した理屈はわかっていたと思うが、従来のやり方を変えるのには抵抗があったのだろう。しかし、「人間として何が正しいか」を判断基準にすれば、非正規雇用の社員も正社員と一緒にフィロソフィ教育を受けることは当然である。彼らもどうにか納得してくれた。

ただし、委託先社員は無理だという。「大田さん、それは無茶です。労働基準法違反だからできません」と言われた。委託請負契約を結んでいるのでＪＡＬからむやみに指示することも労務管理もできない、それは法律違反だというのである。

かし、地方空港でカウンターやグランドハンドリングの仕事をしている人たちに地元のバス会社などの委託先社員も多く、彼ら、彼女らもJALの制服を着て一緒に働いていた。だから、同じようにフィロソフィ教育を受講させたいと考えていたのだ。もし、それができないとなると、空港というJALにとって現場最前線の職場で、社員の意識も一体感も高まらず、カウンターであれ、グランドハンドリングであれ、サービスを向上させることはできない。

私が「何か方法があるはずだ」と食い下がると、委託先会社の社長の了解がもらえたら可能かもしれないという。そこで、それぞれの委託先社長にお願いの手紙を出し、直接「JALで頑張っていただいている御社の社員にJALの社員と同じような社員教育を受けてもらいたいと思っているのですがよろしいでしょうか。内容は人間として何が正しいかという稲盛さんの哲学です」とお願いをして回ってもらった。多少時間はかかったが、了解をもらい、委託社員の方たちも一緒にJALフィロソフィ教育に参加してもらえるようになったのである。

◉部署や肩書を超えて全社員が一緒になって受講する

ＪＡＬ全体の一体感を高めるためにＪＡＬフィロソフィを策定し、教育を始めたわけだが、その教育を従来通り部門別に行っては、部門間の壁をなくすことができるはずはない。そこで、フィロソフィ教育では、運航、客室、空港、整備、グランドハンドリング、営業、間接部門など、職種に関係なく、また関連会社の枠を超えて、一緒に受講できるようにしたいと考えていた。

そのような思いを伝えると、各関連会社や各本部のトップはリーダー教育を受講し、またＪＡＬフィロソフィ策定ワーキングメンバーになっている人も多くいたので、全く初めての試みでもあるにもかかわらず、その必要性を理解し、すぐに了解をもらうことができた。

同じような趣旨で、私は、新入社員や役員などの肩書に関係なく、同じ教室で同じフィロソフィ教育を受講できるようにもした。階層別教育が効率的だと一般的に言われるが、それは既に一体感がある会社のことである。何もしなければ、階層間には壁ができやすく、それが会社をバラバラにしてしまうことはよくある。

そして、フィロソフィという基本的な価値観の前では、新入社員も役職者も平等である。例えば、ＪＡＬフィロソフィにある、「人間として何が正しいかで判断する」「美しい心をもつ」「常に謙虚に素直な心で」などは、役職に関係なく、人間として目指すべき姿なのであり、一緒に学ぶことが大事だと考えたのである。

こうして二〇一一年四月より、「JALフィロソフィ教育」が始まった。自分たちで作った教室で、自分たちが集めた机や椅子を使い、自分たちが作ったJALフィロソフィと自分たちで作ったビデオを教材にして、自分たちで作ったシナリオに従い、社内ファシリテーターが進行をしていく。

最初に受講した人は驚いたようだ。教室に行くと、初めて会う人たちばかりである。職種も職場も肩書も全く違う。だから、同じテーブルのメンバーとは話す話題はないのではないかと心配もしていた。実際に最初はぎこちない雰囲気で始まった。しかし、部署や雇用形態、肩書が違っても、共通の言葉が見つかった。それがJALフィロソフィだ。勉強会ごとにテーマは違うがJALフィロソフィという共通用語があるので、話が弾むようになったのである。

ここで初めて、役職者と話をしたという社員も多かった。近寄りがたい、偉そうにしていると思っていた役職者が、同じように悩み、人間としてのあるべき姿を一緒に学ぶなかで、親近感をもった社員も多かったようだ。また、新入社員や非正規雇用の社員が、しっかりとした人間観をもっていることに驚いた幹部もいた。

ＪＡＬに入社して初めて他部門の人たちと話をしたという人も多かった。例えば、パイロットやＣＡの人たちは、この勉強会で初めて整備や営業の人たちと顔を合わせ、新たな気づきもたくさんあったという。ＣＡの人たちは整備がきちんと仕事をしないからトラブルが多発すると思っていた。整備の人は、ＣＡの機内設備の扱いが荒いのも、故障の理由の一つだと考えていた。相互不信があったのだ。

しかし、話をしてみて、一見派手に見えるＣＡの方々が、早朝から深夜までのシフト勤務による激務をこなしながらも笑顔を忘れないことを、整備の人も汗や油にまみれながら時間内に整備を終えようと毎日必死に努力していることを、直接話をすることで実感したのだ。また、営業からは、お客様の本音も教えてもらったという。ＣＡの前では、ニコニコしていたビジネスマンが、内心不満を感じていた。そのようなことはそれまではわからなかった。

フィロソフィ教育を実施したことによって一番大きく変わったのは、初めて正社員と同じ扱いを受けることになった派遣社員や契約社員、委託先社員だったかもしれない。それまで彼ら、彼女らはいくら頑張っても、ＪＡＬの正社員と同じような扱いを受けることはなかった。しかし、初めて同じ教室で同じフィロソフィ教育を受け、Ｊ

フィロソフィの中に「一人ひとりがＪＡＬ」という言葉があるのを見つけて、「ＪＡＬの大切な一員であり、一緒に再建に向かって頑張らなくてはならない」と思い、一生懸命に努力してくれるようになったのである。

「フィロソフィ教育を受けると元気がもらえる。次はいつだろうか」――そんな声が普通の会話に出てくるようになった。

それまでのＪＡＬでは、部門間にも、職制間にも、越えることができないような厚い壁があった。それが、組合問題を生み出す伏線にもなっていたのだろう。しかし年四回ではあるが、同じテーブルで、部署や肩書が違う参加者たちが、人間としてのあるべき姿、ＪＡＬとしての目指すべき姿を考え、議論する中で、「自然と仲間意識や一体感が生まれてきた」と聞いた。

これまで一度も会ったことがなく、知らないために批判していた人たちが、自分たちと同じように悩み、苦しんでいることを知り、それなら助け合おう、協力していこうと思うようになってくれたのである

◉遠くにいる社員にこそ気を配る

意識改革を進めるうえで気を使ったのが、最前線の現場で頑張っている社員のモチベーションを少しでも高めるということである。彼らが、例えば、それまで一時間かかっていた仕事を五十九分でやろうと、さらにはコストを一円でも下げようと知恵を絞る。また、少しでもお客様に喜んでもらおうと日々創意工夫を重ねる。それができるかどうかで業績もＪＡＬの評判も大きく違ってくるからだ。

ただ、どの会社でも同じだと思うが、幹部たちは現場より本社での評価を気にする。さらに、エアラインの場合はどうしてもパイロットやＣＡが目立ってしまい、その人たちを優先してしまいがちになる。しかし、それでは、目立たないけれど現場で日々の仕事に懸命に取り組み、ＪＡＬを支えている社員のやる気や熱意はなかなか高まらない。

だから私は「本社から目の届きにくい、遠くにいる社員にこそ気を配るべきです。そこに気づかなくては、ＪＡＬの再生はあり得ませんよ」とよく話をしていた。そのために、現場の人も一緒にフィロソフィ教育を受講するようにし、その教材ビデオにも、現場で活躍している社員の事例をできるだけ入れるようにした。社内報でも整備や空港など現場で頑張っている社員を少しでも多く紹介してほしいとお願いした。新しく始めた「ＪＡＬフィロソフィ体験発表会」や「ＪＡＬアワード」という表彰制度でも、現場で人知れず頑張っている人たちのやる気が少しでも高められるよう、いろいろな工夫もした。

倒産前は現場社員の会社へのロイヤルティが低く、「航空業は好きだけれど、ＪＡＬは嫌いだ」と平気でいう人もたくさんいた。しかし今では多くの現場の方々のモチベーションは上がり、「自分の会社は自分たちでよくしなくちゃならない」という使命感をもって本当に一生懸命に頑張っている。

◉変化を起こし続けることで経営陣の本気度を示す

ただ、私には不安なことがあった。それは、現場社員の本社経営陣への冷たい視線である。それまでＪＡＬでは、経営トップから新しい方針が発表されて社員がやる気になっても、トップのほうの熱意が冷めてしまったり、全く違う方針が出されることがたびたびあり、社員はいつも経営陣の本気度を疑うようになっていた。しかも、競合他社が何か新しいことを始めたからなど、外的な要因ばかりを変更の言い訳にしていたようだ。

意識改革はそれまでも大きなテーマであり、いくつもの対策は取られていたようだが、どこか人任せであり一貫性はなかった。だから、私が担当した時も、当初は様子見を決めこむ社員もたくさんいた。

私は、本気で意識改革を進めるという経営陣の強い意志が社員に伝わるようにしなければならない。そのためには、一貫した方針に基づき新しい施策を次々に始め、社員に本気度を示し、変化に「追いついていこう」と思わせなければならないと考えていた。そこで、意識改革をスタートした時から矢継ぎ早に意識改革に関する変化を起こし続けた。例えば、稲盛さんの手紙を全社員に出す、リーダー教育を始める、稲盛さんのスローガンを全職場に貼りだす、社内報を刷新しＪＡＬフィロソフィを特集するようにする、社内イントラネットに稲盛さんの言葉を掲載する、ＪＡＬフィロソフィを作成する、経営理念を作りかえる、フィロソフィ手帳を全社員に配る、フィロソフィ教育用の教室を作る、全社員向けフィロソフィ教育を始める、本部ごとのフィロソフィ教育を始める、フィロソフィ体験発表会を開催する、ＪＡＬアワードを創設するなどである。

このように常に新しいことが次々と始まると、一般の社員は「今回の意識改革は本気だ。だから自分たちも一生懸命にやらなくては」と感じてくれたようだ。実際に多くの社員たちが、同じように真剣に意識改革に取り組んでくれるようになった。

◉社内制度をフィロソフィに合わせる

もう一つ気になっていたことがある。それは、ＪＡＬフィロソフィを作り、フィロソフィ教育を行ったとしても、社内制度がフィロソフィと相反するものであれば、誰もが矛盾を感じ、フィロソフィを信用してくれるはずはないということである。特に人事制度のように、社員を評価する制度が旧態依然のままでは、フィロソフィの浸透は進むはずはない。

調べてみると、ＪＡＬの人事制度は殆ど半官半民時代と同じであり、総合職の人が自然に高い評価を得るようになっていた。それでは真の全員参加経営もできず、フィロソフィにある「実力主義に徹する」こともできない。そこで、人事と打ち合わせを重ねた。人事制度はそれまでのＪＡＬ文化の根幹をなすものであり、「とても無理だ」「もう少し考えさせてほしい」、「猶予がほしい」との強い抵抗もあったが、最終的には理解を得て、思い切って刷新することができた。

これはＪＡＬが社風を変え、本気でフィロソフィの浸透を進めているという強力なメッセージになったと思う。

◉部門ごとのフィロソフィ教育を始める

これまで述べてきたフィロソフィ教育などで、全社員の意識や一体感を高めることは期待できた。しかし、それにしてもＪＡＬフィロソフィ教育は年四回だけである。ただ、五名の意識改革のメンバーではそれが限界であることは間違いない。一方、ＪＡＬの再建を成功させるのは現場の社員であり、フィロソフィの浸透も現場がカギである。だから、現場の社員を巻き込むようなフィロソフィ浸透活動こそが最も重要だと考えていた。

そこで、ＪＡＬフィロソフィが完成し、全社フィロソフィ教育を始める前に、ＪＡＬの各本部長、各関連会社社長、一人ひとりにお会いして、それぞれで独自のフィロソフィ教育を主体的に進めてほしいとお願いした。

彼らは、「大田さん、任せてください。フィロソフィが重要なことはよくわかっています。自分たちで作ったＪＡＬフィロソフィなので、自部門でも浸透できるように全力を尽くします」と前向きに受け入れてくれた。

その後、各本部、関連会社、また多くの社員がいる空港では、私も驚くような現場のアイデア満載のフィロソフィ浸透活動が始まった。ほとんどの部門で、幹部がリーダーシップをとって、また担当者を置き、仕事の中で自然にまた楽しみながらフィロソフィに触れ、浸透できるような仕組みを考え、実行するようになったのである。私自身、ＪＡＬの方々の発想の豊かさ、そして真剣さを強く感じた。それが現場でのフィロソフィ浸透において最大の効果をもたらしているのは間違いない。

ただ、本部や関連会社間でフィロソフィ浸透活動に大きな差が出てきては問題になる。また、いいアイデアは互いに取り入れたらいい。そういう思いから、社長が委員長に、私が副委員長になる「全社ＪＡＬフィロソフィ委員会」をつくり、年四回程度開催するようにした。この委員会は、それこそ各本部長が競い合うようにアイデアを披露するようになるなど、全社の意識改革の推進機関となった。

◉スピード感を大切にする

最初に述べたように、稲盛さんは「ＪＡＬ再建は三年間でやり遂げる」と公言されていた。またそれは政府との約束でもあった。だから意識改革も三年間で成果を出さなくてはならない。そこで、いろいろな施策を、予定通り進めることに執着した。

スピードを優先した結果、リーダー教育のカリキュラムにしてもＪＡＬフィロソフィの内容にしても、不十分なところがあったかもしれない。しかし、私はＪＡＬの幹部に対して「有言実行が大切です」「約束は絶対に守らなくちゃだめです」と繰り返し話していたので、自分が立てた意識改革のスケジュールは絶対に守らなくてはならないと自らに言い聞かせた。

また、人間の意識というものは、時間をかければ変わるというものではなく、一気《いっき》呵成《かせい》に進めた方が、効果があるとも考えていた。結果として、三年間というどうしても変えることのできない期限が決まっていたからこそ、想像を超える力が発揮され、いろいろなアイデアも生まれたのだと思う。何か新しいことをやろうとすれば、スピード感を大切にして、期限を区切ることも重要だ。そのことも私の気づきの一つとなった。

◉現場の若手社員から広がった自主勉強会の輪

ＪＡＬの人たちは素直にフィロソフィのすばらしさを受け入れてくれた。そして、もっと勉強したい、身につけたいという人たちがあちこちに現れた。それぞれの職場でそのような人たちが中心になり、同僚に呼びかけ、また上司にも協力を仰ぎ、定時後や休日を利用して、フィロソフィの自主勉強会を開催するようになった。

上からの押し付けではなく、社員が主体的に学ぼうとする。おそらくそれが社員教育の理想の姿であろう。私はそこまでは予想していなかったので、本当にうれしかった。ＪＡＬの幹部の方々にはできるだけサポートしてほしいと呼びかけ、実際に自主勉強会で講師役も務めるような人も何人もいた。

このように現場の、特に若い社員から、自主的にフィロソフィを学ぼうという気運が生まれ、実際に多くの自主勉強会が始まったことも、ＪＡＬ再生に大きな影響を及ぼしたのは間違いない。

フィロソフィが浸透するようになると、どの職場でも、正社員だけではなく派遣社員や契約社員、委託先社員なども含め、若手社員から幹部社員に至るまで、フィロソフィをベースとして日々の仕事をするようになってきた。また職場が違う社員ともフィロソフィという共通の価値観をもつことによって強い一体感が生まれ、協力し合う姿が普通に見られるようになってきた。

ＪＡＬの人たちは「『人間として何が正しいかで判断する』というフィロソフィを学んで自由になった」と言う。それまではなんでもマニュアル通りにするか、上司にお伺いを立てて決めなければならず、時間もかかり非常に窮屈だったというのである。だから「人間として何が正しいか」という判断基準を教えてもらい、それに従って自分で判断してもいいと言われたときは本当に嬉しかったと話していた。

そして、フィロソフィ教育を受け、一緒に学ぶ中で、「みんな頑張っているんだ」「みんないい人たちなんだ」「だから一緒に成長できるはずだ」という発見があったと聞く。そのような発見こそが社員の意識や一体感を高めていったのではないだろうか。

このようにリーダー教育を実施し、全社フィロソフィ教育を進めたのだが、それが可能になったのは、もちろん稲盛さんの存在である。稲盛さんは日本で最も成功した経営者であり、たくさんのベストセラーもある。ＪＡＬの社員も当然稲盛さんを知っており、多くの人は著書を読んでいた。

その稲盛さんが、自分には何のメリットもないにもかかわらず、老骨にムチ打ってＪＡＬの再建のために、誰よりも一生懸命になっている。だから、本心では、初めから稲盛さんの会長就任を喜び、多くを学びたいと思っていたはずである。一方で、誰でも、外部から突然やって来た新しい経営者やその思想に警戒感をもつのは当たり前だろう。特に、プライドが高かった幹部の方々には、稲盛さんを素直に認めたくないという雰囲気もあった。

そのような最初に抱いていた違和感や警戒心を解くには、少し時間はかかったが、それがなくなると、みんなすっかり稲盛さんのファンになり、稲盛さんを中心に一致団結して再建に立ち向かう燃える集団となった。当たり前ではあるが、稲盛さんというリーダーの存在こそが、意識改革を進め、成功させる原動力となったのである。

第七章

フィロソフィと正しい数字で全員参加経営を実現する

冒頭にも述べたが、就任直後最も驚いたことの一つが、役員会などで経営数字を議論することがほとんどなく、月次の経営実績が出るのに二、三か月かかっていたことであり、また誰もそのことに何の疑問ももっていなかったことだ。それでは正しい企業経営ができるはずはない。

そのため、稲盛さんは、会長就任早々から、部門ごとの月次の経営実績ができるだけ早く出るように、また、航空会社の利益はフライトから生まれるものなので、路線ごと、便ごとの採算がリアルタイムにわかるような仕組みをつくるように指示をしていた。当然その先にはアメーバ経営の導入がある。

このアメーバ経営について若干説明すると、目的は、全員参加の経営を実現することである。組織をできるだけ小さく分け、運営をリーダーに任せる。経営数字はオープンにし、しかもリアルタイムにわかるようにする。当然各アメーバリーダーが経営責任を負うが、構成メンバーも日々の実績を見ながら、「売上最大、経費最小」を目指して、創意工夫を積み重ねていく。そうすることで全員参加の経営が実現できるのである。

若い社員に安易に経営を任せると、何か問題が起こるのではないか、アメーバ間で足を引っ張りあうのではないかとの懸念が生まれるかもしれない。それを防ぐために、アメーバ経営を導入する前提としてフィロソフィの浸透や「会計の7原則」を全員が理解していることが必要となる。このようなアメーバ経営をＪＡＬにも導入したいと稲盛さんは考えていたのである。

◉業績報告会を始める――フィロソフィと数字で経営する

稲盛さんは、このアメーバ経営をできるだけ早く導入したかったが、ＪＡＬのような規模になると、そのための情報システム構築などにかなりの時間がかかることがわかった。そこで、できるだけ多くの幹部に経営者意識をもってもらい、全員参加経営を少しでも進めることを目的に、各本部、関連会社の月次の損益計算書をベースに、それぞれの業績結果と予定を発表する業績報告会を毎月開催することにした。まずは、部門別採算制度だけでも始めようと考えたのだ。

最初の業績報告会は五月に開催したのだが、前月の実績数字が間に合わず、ようやく二〇一〇年七月になって、本格的な業績報告会が開催できるようになった。業績報告会に参加するメンバーの大半は、前月六月にリーダー教育を受講し、リーダーの在り方、経営の在り方を学んだ人ばかりだ。この業績報告会が、その学びの成果を発表し、指導を受ける場ともなったのである。

この業績報告会は稲盛さんの指示もあり、当初は三日間続く過酷なものだった。会議資料はＡ３サイズで、縦には七十ほどの科目が、横には月次のマスタープラン、実績、予定など、細かい数字がびっしり記載され、全体で六、七十ページもあった。それをベースに三日間、朝から晩まで延々と会議を続けた。

◉すべてに意味がなければならない――全員参加経営のためのフォーマット作り

業績報告会で使う採算表のフォーマットは、完成するまでに一年近くかかった。最初のフォーマットは、損益計算書がベースになっていたので、科目やその順番がわかりにくかった。そのため、稲盛さんは、「来月からはこの科目の順番を変えてくれ」「この科目の名称を再検討してほしい」と指示を出していたのだが、それが毎月のように続いた。

変更の理由を聞くと「この順番だったら社員のモチベーションは上がらないぞ。この科目名だと社員には判りにくいのじゃないか」と言われる。それでも、あまりにも頻繁なので聞いてみると、「先月はこれが一番いいと思ったが、やはりここは見直すべきだ。頻繁に変更するのはおかしいと思うかもしれないけれども、進化させているのだと理解してほしい。完璧なものを作りたいんだ」と話をされた。

「採算表というのは、経営者が見てわかりやすいものであればいいというわけではない。社員がそれを見て頑張ろうと思えるようなものでなくてはいけない」

「単に一般的にはこうしていますでは全く意味がない。なぜこのフォーマットにしたのか、科目やその科目に出て来る数字、またその数字の変化を見て社員がどう思うかまで深く考えていなければならない」

「採算表を見たら自分の努力の成果が数字に表れている。その数字が良くても悪くても、社員が来月はもっと頑張ろうと思うようなものでなくてはならない。そこまで徹底して考えたものにしてほしい」

「社員の心理が手に取るようにわからなければ、採算表のフォーマットは作れないんだ」

「名称にしろ、その順番にしろ、すべてに意味がなくてはならない。新しく何かを決めたのであれば、どのような意味を込めてそうしたのか、みんなが納得できるような説明ができるものにしてほしい」

などと稲盛さんは言われた。

一般的に、本社スタッフが作るものは、前例を踏襲し、社長や幹部にわかりやすいものにしがちである。しかし、それは違う。「その名称に、その順番に、どのような意味があり、それを現場の社員が見て、どう思うか」が大事だというのである。確かにそうだなと思った。

「細部に神宿る」とよく言われるが、それは採算表のフォーマットも同じなのだ。いくら経営数字をオープンにしても、現場の社員が関心をもたなければ、宝のもち腐れであり、意味もない。だから、現場で一生懸命働いている社員の心の機微まで見通さなければ、現場の社員が強い関心をもって見てくれるような生きた採算表は作れない。それが稲盛さんの考え方である。私は、ここに部門別採算制度、アメーバ経営の原点、言い換えれば全員参加経営のベースがあるのだと感じた。

◉数字と現場に強いリーダーを育てる

その採算表を見て、予定を達成できないのはもちろんだが、予定を上回っても稲盛さんは理由を聞かれる。また、採算表にある異常値をすぐに見出し、「この数字はなんでこうなったんだ」と質問する。その質問は鋭く、細かくても本質的なことを聞いてくる。最初は誰も稲盛さんの質問に答えられず、「担当者に答えさせます」と言った。しかし、稲盛さんは「それは絶対だめだ。自分で答えられるようにしなさい」と応じた。どんな細かい数字でも、リーダーはわかっていなければならないというのである。

例えば、「水道代が上がっているのはなぜか」と質問されたことがあった。「ちょっとわかりません。調べてみます」と調べてみたら、ある施設の水道が壊れていたことがわかった。万事そのような具合で、旅費交通費が減っている、消耗品費が増えている、どうして変化しているのかを聞いていく。それぞれ調べてみると、現場に問題があることがわかる。そこから幹部たちは否が応でも数字と現場を意識するようになっていったのである。

稲盛さんから直接このような指導を受けた本部長や関連会社の社長たちは、どんな理由があっても予定は一〇〇％達成しなくてはならないこと、そのためには、細かい数字でも変化があれば、その理由を徹底して調べ、対策を考えておかなければならないことを学んでいった。こうして数字に強い、しかも現場のことが手に取るようにわかるようなリーダーが育っていったのである。

◉共通経費や固定費を分解して無駄のチェックをする

私も勉強になったことの一つに、共通経費の考え方がある。どこの企業でも細かい経費をまとめて共通経費として計上することがあるのではないだろうか。その分、金額は大きくなるが、それは当然だと思い、中身がどうなっているかまで調べようとはしない。

その共通経費を見て、稲盛さんは「これはなんや」と質問された。「細かい経費がまとめてあります」と答えると、「それでは無駄の削減はできない。共通経費はできるだけ分解しなさい」と指示を出した。その中で削減できるものはないか常にチェックできるようにするべきだというのである。

これは固定費も同じである。普通は「固定費なので削減できません」で終わってしまうが、考え方によっては固定費も変動費の塊なのだというのが稲盛さんの発想である。例えば公租公課でも、一件一件適用される税法をあらためてチェックしたら、適応される税法を変えることができ、減額できるかもしれない。だから「固定費もできるだけ分解しなさい」と言われた。

そうするとどんどん科目が増えていくことになるが、大切なのは社員がどう思うかなのである。共通経費や固定費をまとめてしまうと内訳が見えなくなってしまうから、「減らそうというモチベーションがわかないだろう」と言うのである。

またある時は「自分の組織をもつものは、職場のゴミ箱に何が入っているかまでわかっていなくちゃならない。社員が捨てているものを見れば、何を無駄にしているかわかる。それぐらい細心の注意を払い、どんな無駄も見逃してはならない」とも言われた。このような発想で、全員で、あらゆる経費を見直した結果、それまで減らすことはできないと考えられていた多くの経費が削減できた。

個別の部門に対して厳しい指導をされていたが、稲盛さんは、「俺が誰かを注意したときは、みんな自分が注意されたと思って、我が身の事のように聞いてほしい。そうすれば会議に参加したみんながリーダーとして成長できる」とか、「何か問題があり、困っている部門あれば、同じ仲間なのでぜひ助けてあげてほしい。自分だけよければいいというのではなく、いつも全体のことを考えられるリーダーになってほしい」とよく話をしていた。業績報告会は単に数字を追求するだけの会議ではなく、リーダーを育てる場でもあったのだ。

ところで、稲盛さんは、夜遅くまで業績報告会が続いても、分厚くて重い会議資料をホテルへもち帰っておられた。おそらくホテルでもチェックされていたのだろう。稲盛さんは気になる数字が目に飛び込んでくるとよく言われるが、それは誰にも気づかれないところでも、誰にも負けない努力をしていたからに違いない。その目には見えない懸命な努力がＪＡＬを変えていったのだ。

アメーバ経営は、業績報告会が始まった翌年より導入が始まった。主要な部署からスタートし、ＪＡＬ全体に導入されたのは五年ほど後であるが、業績報告会で、全員参加経営の重要性を理解したリーダーたちが、新たに導入されたアメーバ経営を正しく運用し、ＪＡＬの高収益体質の維持に大きく貢献している。

◉会議は教育の場

ＪＡＬには業績報告会だけでなく、経営会議などいろいろな会議があったが、もともと半官半民の企業だったので、官僚的な経営風土があり、それは会議の進め方にも現れていた。特に会長、社長が参加するような重要な会議では、事務方が事前に根回しを済ませていた。トップやキーパーソンには事前の了解を得ているというのが前提になっているので、誰も意見は言えないし、もし言ったとしてもすぐに否定される。その結果、会議は時間通り進めることができる。それが事務方の腕の見せ所だった。

しかし、これは民間企業ではありえないし、全員参加の経営にもならない。稲盛さんは事務方が万事取り仕切る会議運営も、事前の根回しもやめるように指示し、会議で徹底して議論して、結論を出すようにした。そうすると、会議が全く進まないこともある。事務方が早く結論が出るように促すと、稲盛さんは「それじゃだめだ。時間がかかっても重要なテーマなのだからもっと議論をさせなさい」と注意した。

全員参加経営を目指すのであれば、まずは幹部が集まる会議でこそ、全員で議論し、衆知を集めなければならない。誰も意見を言えないような会議を幹部がしていては意味がないというのだ。そうして、初めて、全員参加経営の風土は根付く。そのような中で、議論の内容があまりにもお粗末なときは、会議を中断し、経営者としての、またリーダーとしての在り方を講義され、リーダーの奮起を促されたこともあった。

このような新しいスタイルの会議を始めた当初、幹部の方々は緊張し、大変ぎこちない様子だった。しかし、議長でもある稲盛さんが参加する方々の意見をよく聞かれ尊重されるので、いつしか、それぞれのテーマについて、みんなが積極的に発言するようなった。

例えば、稲盛さんに対しても、反対意見を率直に述べる幹部も出てきて、喧々諤々《けんけんがくがく》の議論を進められるようになった。そして、みんなの意見を聞き、議論が進めば、最後は稲盛さんが結論づける。そのような大変活発で、また、決して結論を先延ばしすることがない効率的な会議となっていった。

一方で、どのような会議でも、出席している幹部は稲盛さんの発言を一言も聞きもらすまいと聞き耳を立て、発言されるたびにメモを必死に取っていた。稲盛さんが、議長として、会議をどう進行させていくのか、議論が紛糾《ふんきゅう》した時には、どうまとめていくのか、最終的な経営判断をする際の基準や背景は何なのか、そのようなことを学びたいとメモを取っていたのである。

聞いてみると、会議で学んだことは正しく理解し、部下に伝えたい、だから一言も漏らさず書き留めているとのことだった。

稲盛さんは会議は教育の場であるとよく話されているが、まさにその通りであった。出席していた幹部の方々は、自由闊達に議論する中で、現場で実際に起きている事例をベースに経営はいかにあるべきか、リーダーはどうあるべきかを、また全員参加経営とはどういうものかを稲盛さんから学んでいったのである。

第八章

ＪＡＬで生まれた社員の変化

全再生の過程では、二〇一一年三月の東日本大震災、その後の日中関係の悪ーング787のバッテリー問題など、予想外の事態にも繰り返し遭遇した。ば、それを業績低下の言い訳にしただろう。しかし、そのような幹部はもどんなに環境が変化し、悪化しても、リーダーたちを中心に、全社員で対策を考え、協力し合いながら、自分たちの立てた目標は必ず達成しようと必死になって取り組むようになった。その結果、世界経済に大きな変動があっても、JALは航空業界では突出した高い営業利益率を維持している。

では、どのような変化が現場で生まれていたのか。ここでいくつかの事例を紹介したい。

◉営業利益率一〇％以上を目指す

稲盛さんは、着任早々より「どのような企業であろうと営業利益率は最低でも一〇％を目指すべきだ」「経営というのはそれほど難しいものではなく、全員で売上最大、経費最小を目指して、必死に努力すれば、結果として高収益になれる」と話をしていた。

そして、「JALでは路線を大幅に縮小するのだから、売り上げを増やすことは難しい。そうであれば経費を徹底して削減するしかない。ただ、航空産業は巨大な装置産業だと思われるが、実際は究極のサービス業である。だから、お客様サービスの費用は安易に減らしてはならない」とも指示をされた。

そして、コスト削減の方法は、上からの一方的な指示ではなく、現場社員の知恵が不可欠であり、そのためにも「全員参加の経営を推し進めたい」と話された。

JALの幹部は、まず営業利益率の目標が最低でも一〇%だという発言に驚き、反発した。過去JALが黒字のときでも数パーセントの利益しか出ていなかった。特に、当時は原油が高い時期でもあり、世界の航空会社でも黒字であれば問題ないというレベルだった。だから、「航空業界のことを何も知らないから稲盛さんはあんなことを言っている。京セラのような製造業やKDDIのような通信事業では高収益が可能かもしれないが、JALのような航空産業では全くあり得ない」と、強く反発したのである。

また、コスト削減についても彼らには言い分があった。以前より、徹底して経費削減には取り組んだが、それが間に合わなくなったから倒産した。だから、「乾いたぞうきんをさらに何度も絞ったので、もうカラカラで削減の余地は全くありません」と話していた。それは本音だと思う。彼らのそれまでの方法では限界だったのだ。

◉全員参加で経費最小を目指す

ＪＡＬがそれまでどのようにして経費を削減していたかと言えば、経費予算のシーリングである。先ほども説明したように、それぞれの部門で予算獲得競争を繰り広げていたので、部門ごとの経費削減目標を決めることはできない。だから、本社より、例えば「今年はすべての部門で経費を五％減らしなさい」と指示を出す。すると、せっかく先輩たちが営々と獲得してきた予算をそんなに削減はできないと、現場は抵抗する。それを聞いて本社は目標を下げる。そのようなプロセスを毎年のように繰り返していたので、コスト削減はもう限界だとあきらめていたのである。

それでも、コストを下げる努力をしていなかったわけではない。ただ、その対象に問題があった。現場に行き、「これまでどのような経費を削ったのですか」と聞くと、申し訳なさそうに「組合もあるので自分たちに関わる経費は削減できなかった。そこで、お客様サービスの経費を最初に削りました。例えば、食材などです」と答えてくれた。そのようなコスト削減では、お客様の評判を悪くする。悪循環が続いていたのである。

もう一つ問題があった。それは、現場の社員には、自部門の経営実態がどうなっているか、全く知らされていなかったことである。だから、本社から一方的な経費削減の指示がきても、なぜコストを下げなければならないのか、その理由もわからない。そのため、無駄を探し知恵を出し、コストを下げようとするより、自分たちの予算や既得権益を守ることばかりを考えていた。そのため、これ以上の経費削減は無理だと回答をしていたのである。

さらに、コスト削減の壁になっていたのが先にも述べた「安全は聖域だ」、つまり、「安全を守るためにはいくらお金がかかっても仕方がない」という文化である。特に、整備関係で多額の費用を使っており、海外の大手航空会社と比べてみるとその割合は倍近いことがわかった。安全を守るという美名のもとに、コストが膨れ上がっていたのである。稲盛さんも整備の現場を視察した際、過剰設備、過剰在庫があると厳しく指摘していた。

このような経費に関する考え方が染みついていたので、ＪＡＬでは思うような経費削減は進んでいなかった。しかし、リーダー教育を受講し、業績報告会に出席するようになった幹部たちは変わっていった。稲盛さんから会計の原則やリーダーの在り方を学び、業績報告会で、数字で経営することの大切さを学び、何より、全員参加経営の重要性を学んだ。彼らは現場に戻ると、社員に「経営者意識をもつべきだ」と言うようになった。そして、自部門の経営実績がオープンになり、赤字だとわかるようになると、「悪いのは他部門だ」とはもう言えない。幹部だけでなく、現場の社員も自ら経費削減を進め、黒字を目指すようになったのである。

整備部門に関しては、素人の私でも高コスト体質だとわかったので、整備本部長に「整備コストを半減すべきだ」と繰り返し話をしていた。当初は「安全を守るのが自分たちの崇高な使命であり、外部から来た人間でもそのくらいは理解してもらわなくては困る」と少し声を荒らげて反論をしていた。しかし、リーダー教育を受講し、業績報告会で、いかに多額の経費を使い、ＪＡＬに迷惑をかけているかがわかった後は、現場を巻き込み、現場の声を聞きながらコスト削減を進めていった。

そうすると、もう削減できないと思っていた経費が驚くほど下がっていったという。彼は、これまでの経費削減のやり方がいかにずさんだったかを思い知り、その後先頭に立って、現場の社員と一緒になって経費削減を進め、驚くような成果を上げるようになった。

それは、パイロットやＣＡのハイヤーやタクシーでの通勤も同じだった。それまでは、既得権益であり組合問題とも絡むので、上から指示を出しても現場が抵抗していたという。しかし、経営数字がオープンになり、自分たちがいかに多額の経費を使っているかがわかるようになると、自分たちの方から「できるだけ公共交通機関を使いたい」と申し出てきた。それは宿泊しているホテルも同じだった。倒産前は地元での一流のホテルを利用していたが、そのコストがわかると、便利で安全であればビジネスホテルでも十分だと言い始めたのだ。

電車を使って社員がちょっと外出する際でも同じであり、面倒でも一番安いルートを調べ、それを選ぶのが普通となった。また地方の営業所長に聞くと、部下から「もっと家賃の安い場所へ引っ越しましょう」とか、「エアコンはもったいないので、切りましょう」と、そんな提案が出るようになったという。

そもそも誰も、会社のお金を無駄遣いしたいとは思っていなかった。ただ、ＪＡＬの経営実績が悪いというわさは聞いても、それは幹部の問題であり、自分たちは関係ないと思っていた。だから、従来と同じようなお金の使い方をしていただけなのである。

しかし、経営数字がオープンになり、自部門も大きな赤字を出していることがわかると、みんなが目の色を変えて無駄を省こうとするようになった。家計が困れば外食や買い物を控えるのと同じである。ＪＡＬ全体で経費削減が想像以上のスピードで進んだのは、部門ごとの採算状況がオープンになり、全社員が現場で主体的に地道な経費削減に取り組んだ、その積み重ねの結果でしかない。

◉現場社員の努力を讃える

その現場での経費削減をさらに進めるきっかけにもなったエピソードを紹介したい。ある空港現場でフィロソフィ体験発表会があり、稲盛さんも私も参加した。発表内容は、現場社員がＪＡＬフィロソフィを学び、自分たちで経営改善を進めている事例を発表するという形で進んだ。

何人かの社員が数百万円単位のコスト削減を実現した事例を発表した後、カウンター業務を担当している若い女性が、いろいろな工夫をして月々二千円程度の経費削減を実現したと発表した。私自身は、「ちょっと削減額が小さいのじゃないか」と思っていたのだが、稲盛さんは違った。

「あなたのような現場の社員が会社のためを思って経費を少しでも削減しようと一生懸命頑張る。それがJALにとって一番尊いことだ。そのような社員が増えることでJALはさらに良くなっていく」と褒められた。

よく考えてみると、それまでの発表は、半分仕事で経費削減を進めた事例でもあった。しかし、彼女の場合は一〇〇％主体的であり、まさに少しでも会社をよくしたいと心の底から思ったからこそ実現できたことである。稲盛さんはそのような現場の社員の純粋な思いこそが大切だと感じ、褒められたのである。

その稲盛さんのメッセージは瞬く間にJAL全体に広がり、現場社員がさらに率先して経費削減を進めるきっかけともなった。

◉全員参加で売り上げ最大を目指す

一方、売り上げについては、路線を大幅に縮小したため大きく増やすことはできなかった。それでも現場では、採算を向上させながら売り上げを増やす工夫も行われていた。その例を二つ紹介したい。

まずは、機材の変更や臨時便の運航についてである

例えば、以前なら需給が大きく変動しても、機材の変更や臨時便の運航は簡単にはできなかった。半年前には、どの便をどの機材で飛ばすのかの運航計画が決まり、その変更は簡単にはできないと誰もが思っていたからである。

例えば、パイロットが操縦できる機材は決まっている。ＣＡもどの機材でもサービスができるわけではない。空港の搭乗ゲートも機材によって決まっている。整備も機材ごとに異なる。そのことを前提に運航計画は作られているので、機材の変更は簡単にはできないと思い込んでいたのである。

だから、当初小型機で運航を予定したが、予約が埋まり、さらに多くのお客様からの問い合わせがあったとしても、機材を中型機に変えるようなことはせず、せっかくのお客様をお断りしなくてはならなかった。

しかし、破綻後は、現場でどうすれば、お客様のニーズに応えられるか、その場合採算はどうなるかが考えられるようになった。また、部門間の連携も以前とは比較にならないほどスムーズにできるようになった。

機材を中型機に変えたらお客様のニーズも満たせるし、収益にも貢献できる。そう現場で判断したら関連部署で調整を行い、変更した。さらに多くのニーズがあるとわ

かれば、臨時便を飛ばすことも現場起点で考えて実行できるようになった。

当然、これはお客様が増えたときだけではない。少ないときは中型機から小型機へ変えることもある。そのような現場での対応は、お客様へのサービス向上だけでなく、売り上げアップや採算の向上にも大きく貢献をしている。

◉機内販売も一つの事業

もう一つの例として、機内販売がある。飛行機に搭乗すると、CAの方がカートを運んで機内販売を始める。JALの場合、倒産する前は機内販売する商品は既に決まっていて、CAの方は与えられた品物を販売していた。結果として、売れ残りも多く、期末には多額の在庫を抱えていた。しかし、誰もあまり採算を考えておらず、結果として赤字となっていたようだ。

それに対し稲盛さんは、「機内販売は、飛行機に搭乗しているお客様を対象とする販売業として十分利益が出るはずなので、一つの事業として独立採算とすべきだ」と指示した。また、お客様のニーズが一番よくわかっているCAが、販売する品物を決め、その値決めもするようにした。そして便ごとの採算も出るように指示をした。

これによりＣＡの方々は、何を販売すべきか、それはどこから仕入れるべきか、値決めはどうすべきか、みんなで集まって議論するようになった。私も打ち合わせに参加したことがあるが、机の上に多くの商品を載せ、みんなで喧々諤々の議論を真剣に、また生き生きとしていた。

当然だが、自分たちで選び、値決めした商品なので、ＣＡの方々はお客様にその商品の良さを一生懸命に説明し、販売しようとする。その結果、経営者意識の高いＣＡが育っていくとともに、機内販売の売り上げは大幅に増え、高収益事業となったのである。

◉マニュアル至上主義から心を込めたサービスへ

最後に、お客様サービスにおいて、どのような変化が生まれたのかを紹介したい。

倒産するまで、お客様へのサービスはマニュアル至上主義の面もあり、慇懃無礼だと批判を受けることもあった。しかし、それにも理屈はあった。どのお客様にも平等にサービスするのが最も効率的であり、それを完璧にこなすために必要なことがマニュアルに書いてある。だから、マニュアルさえ守ればいい。そのような文化が根付いていたのである。

しかし、機内にはいろいろなお客様がいる。体調の悪い方も、何か特別な事情で困っておられる方もいるかもしれない。お客様のニーズはそれぞれ違うのだから、マニュアルだけでは、それに応えることは難しい。稲盛さんも「航空業界は究極のサービス業なので、マニュアルにこだわらず、心がこもったサービスに努めてほしい」と、現場を訪問するたびに話されていた。

フィロソフィ教育が始まると、そこには「美しい心をもつ」「感謝の気持ちをもつ」「お客さま視点を貫く」といった項目があった。ＣＡの方々は、マニュアル以前に「お客様にどうすれば喜んでもらえるか」という視点で、自分で考え、判断し、サービスをしてもいいことに気が付き、実際に心のこもったサービスができるようになっていった。

私はＣＡの方々が集まった場所で挨拶を頼まれたことがある。そこで私は、「皆さんは、難しい入社試験に合格してＪＡＬの仲間になったすばらしい方々ばかりです。なぜ、ＣＡを目指したのか、それは皆さんが、お客様の笑顔が好きで、お客様に喜んでもらえるような仕事がしたいと思っていたからではないでしょうか。その入社した時の初心を思い出してください。マニュアルも大切ですが、もっと大切なことは皆さんが入社当時もっていたそのような純粋な思いです。そのためにもＪＡＬフィロソフィを学んでください。皆さんの人生も、お客様のサービスも必ずよくなるはずです」と話をした。

ＣＡの方々はもともと「困っているお客様がいたら助けてあげたい」「お客様に喜んでもらえるのならもう少し丁寧なサービスがしたい」、そう思っていたはずだ。しかし、実際は、まずはマニュアルにどう書いてあるのかが気になり、すぐに行動に移せない。そんなもどかしさを感じながらサービスをしていたのではないだろうか。

だから私は、ＣＡの方々が初めからもっていたそのような純粋な思いをそのまま行動に移せばいいと伝えたかったのだ。そこにいた客室本部長や参加者からは「皆、同じ思いだったのですごく励まされました」というコメントをもらった。

ＣＡの方々は、ＪＡＬフィロソフィ手帳をもらい、フィロソフィ教育を受けた後は、「今日はこのフィロソフィに特に力を入れて頑張ろう」と搭乗前のブリーフィングで話し合い、実行している。そして、お客様の笑顔を見て、さらに頑張ろうとお客様から元気をもらっているともいう。

それは、ＣＡだけでなく、お客様に直接接する空港カウンターで仕事をしている社員やお客様からの問い合わせの電話応対をしている社員も同じであり、「フィロソフィを学び、自分で正しい判断ができるようになりました。その結果、お客様に喜んでもらえるので、仕事が楽しくなっています」という声をよく聞くようになった。

空港などの現場に出向き、フィロソフィ手帳を見せてもらうと、あちこちにカラーマーカーが引かれ、付箋《ふせん》が貼ってある。フィロソフィを身につけようと一生懸命勉強しているのだ。

直接あまりお客様に接することのないパイロットや整備の方々も、グランドハンドリングを担当する方々も、JALフィロソフィに「最高のバトンタッチ」という項目があるように、最後はお客様とつながっていることを理解し、それぞれの立場でお客様のことを考えてくれるようになった。それがJAL全体のサービスレベルの向上をもたらしている。

こんなこともあった。「私は、男性からもよく声をかけられ、ちやほやされることもあったが、プライドも高くツンツンしていると言われ交際は長続きしなかった。しかし、JALフィロソフィを学んだあと、優しくなったねと言われるようになり、今回結婚も決まった。JALフィロソフィを学び、人間的にも成長でき、本当にすばらしい人生を送れそうです」と若い女性が話してくれたのだ。それも私にはうれしい驚きであった。

蛇足ではあるが、CAにしろ、空港カウンターで働いている人にしろ、稲盛さんの女性社員からの人気はすさまじかった。女性の方が、素直に人物を見るのだろう。そして、稲盛さんも、女性には少し優しかったような気がする。その人間臭さも稲盛さんの魅力なのだろう。

当初、稲盛さんが、「最低でも営業利益率一〇％を目指すべきだ」と話したときは、「航空業界ではありえない」と、みな反発をしていた。稲盛さんが着任後、毎月のように採算がよくなっていっても、「もうすぐ下がりますよ」と平気で言う人もいた。しかし、利益率は下がることなく、上がり続け、初年度は一〇％を大きく超える利益率をあげた。これには、ＪＡＬの社員も驚いていた。

私が、「倒産するまでは、皆さん遊んでいたのではないですか」とからかうと、「いやそうじゃない。昔も、一生懸命でした。正直に言って、自分たちでもなぜこんなに利益が上がるようになったかわかりません。もし、魔法をかけているのであれば、いつまでも解かないでください」という。こうして、高収益が当たり前になり「航空業界は低収益だから、ＪＡＬも同じだ」とはもう誰も言わない。利益率が下がりそうになれば、皆で必死に採算向上に取り組むようになる。こうしてＪＡＬでは高収益体質を維持しているのである。

第九章

愛情と真剣さ――稲盛さんのリーダーシップ

これまで、稲盛さんの経営哲学とＪＡＬでの意識改革の仕組みについて、また、実際に現場でどのような変化が生まれてきたのかを説明してきた。この章では、それを実現させた、稲盛さんのエピソードを紹介したい。

◉みんなが驚いた現場訪問

稲盛さんは、何より現場が大事だと考えていた。そのため、着任翌日の二月二日には、羽田空港にある職場を訪問した。大西社長をはじめ、本社の幹部数名が随行し、現地の幹部が手短に状況の説明をする。「せっかく会長が来られたのだから、幹部社員を集めましょうか」というと、「とんでもない」と言い、すぐに職場の中に入っていった。

そして、机の間をくまなく回り、一人ひとりの社員に「ご苦労様です、会長になった稲盛です。大変だと思いますが、私も頑張りますので、皆さんも頑張ってください」と声をかけて回った。社員が驚いて、立って挨拶をしようとするとそれを制して「仕事の邪魔をして申し訳ない。仕事を続けてください」と話された。

次の職場でも同じようにされた。同行した私にしてみても、時間がかかる重労働でもあった。しかし、稲盛さんは、疲れた顔一つせず、みんなを励まされている。職場にいた社員たちは、あの有名な稲盛さんがまさか自分の机のところまで来て、「ご苦労様」と声をかけてくれるとは想像もしていなかっただろう。びっくりすると同時に、ＪＡＬは変わるかもしれないと思ってくれたのではないだろうか。

同行したＪＡＬの幹部も本当に驚いていた。それまでＪＡＬの経営陣が現場を訪問することはあまりなく、あったとしても、会議室に幹部を集めて、報告を聞き、訓示するというのが普通だった。だから、稲盛さんが空港現場に来ても「これまでと同じだろう、もしかしたら、現場が悪いと怒られるかもしれない」と警戒もしていたようだ。

ところが稲盛さんはさっさと職場に入って社員に温かい声をかけて回る。同行した幹部は「あれには参った。あれで現場の社員は稲盛さんのファンにすぐになった」と話をしていた。

稲盛さんの現場訪問のスタイルはその後も変わらなかった。本社でＪＡＬの経営実態についてレクチャーを受けながら、時間を見つけては職場訪問を繰り返し、社員を直接励ましていった。それが一通り終わると、次は、現場で社員を集めて講義やコンパをするようにしていた。同じように、本社でも、在籍する中堅幹部に集まってもらい、自分の思いを直接伝え、簡単なコンパを開催するようにしていた。「最前線で一生懸命頑張っている社員のモチベーションを少しでも高めたい、それがJALを変えるためには絶対に必要だ」と、忙しいスケジュールの合間を縫っては、現場の社員との接点を少しでも増やそうとされていたのである。

一般的には、現場の社員は建前では経営トップに来てほしいとは言うものの、本心では「準備も大変だし、文句ばかり言われるので迷惑だ」と思っている人が多いのではないだろうか。昔のJALもそうだったようだ。しかし、稲盛さんが会長に就任後、現場訪問は常に大歓迎され、現場に大きな感動とエネルギーを与えていた。私も、「ビデオではなく、生の稲盛さんと会いたい。ぜひうちの職場にも来てほしい」という声をいつも聞いていた。

稲盛さんは、超多忙でもあり、そのすべてに応えることはできなかった。ただし、一回一回の訪問のインパクトが大きかった。後で聞いた話だが、職場で稲盛さんと接した社員の方々は感激して、すぐにそのことを友人たちにメールなどで伝えたらしい。そのため、稲盛さんと一度も会ったこともない社員さえも、稲盛さんが現場を大切にする姿勢をよく知っていて、稲盛さんに親しみを感じるようになっていた。

◉「人間として何が正しいか」で判断したアライアンス問題

ＪＡＬに着任してすぐに、アメリカン航空とのアライアンスをどうするかという話があった。世界の航空業界は、スターアライアンス、ワンワールド、スカイチームという三つのアライアンスに集約されている。つまり、三つのグループに分かれているわけである。ＪＡＬはアメリカン航空を盟主とするワンワールドに属していたが、破格の財政支援をするという条件でスカイチームから誘いが来ていた。

スカイチームはアメリカのデルタ航空を盟主とするアライアンスだが、日本の航空会社にツテがなかった（ＡＮＡはスターアライアンスに所属している）。そのため日本への進出を目指し、高額の資金提供をするという条件を提示して、ＪＡＬにスカイチームに入るよう誘いをかけてきたのだ。スカイチームは路線数もずっと多いアライアンスなので、ＪＡＬの幹部も「いいチャンスだからアライアンスを変えよう」と話を進めていたようだ。

そうした時期に稲盛さんが会長に就任した。その就任の翌週、稲盛さんの最初の仕事として「アライアンスを決めてください」という話があったのである。ただ、それは「我々はアライアンスをワンワールドからスカイチームに変えたいと思っていますから、承認してください」ということだった。

それに対して稲盛さんはこう言われた。

「損得でいえば変えたほうがいいだろうけれど、アメリカン航空の盟友として何年もやってきて、これまでお世話になっている。他社がより多くのお金を出して支援してくれるからといってアライアンスを変えるというのは、あまりにも短絡的なのではないか。ここでアライアンスを変えれば、ＪＡＬにはメリットがあるかもしれないが、アメリカン航空には大打撃になる。それは人間として正しい判断なのか」

損得ではなく、人間として何が正しいかで決めるべきだというのである。

倒産してお金が全くないときに何百億かのお金を出してくれるというのは魅力的な提案で、確かに心は動く。しかもさらに大きなアライアンスに乗り換えるチャンスなのだから、それを逃したくないという気持ちもわかる。

それぞれのアライアンスのトップの方々も稲盛さんに会いに来た。その面談の結果として、「人格的にもアメリカン航空のトップの人のほうがいいのではないか」と稲盛さんは言われた。ただし、稲盛さんの鶴の一声で決まったわけではない。稲盛さんは「人間として何が正しいかという観点から言えばワンワールドに残るべきだと思う。

だけど皆さんの意見もあるだろうから、徹底して議論して変わりたいというのであれば変わってもいいだろう。結論がどうであれ、全責任は自分がもつ」と話されたのである。

そこで関係者が集まって話し合いをした。それぞれが自分の意見を述べた。稲盛さんの意見に反対の人も多かったが、議論を重ねた結果、最終的に「稲盛さんの判断が正しいのではないか」という結論に至り、ワンワールド残留が決まった。残留を決めたことによって、アメリカン航空の方たちは大変喜んだ。信頼関係がより強くなり、全面的に協力し合えるような人間関係が生まれた。

それまでＪＡＬはプライドもあり、アメリカン航空から教えを乞うようなことはしていなかったそうだが、それ以降は謙虚にアメリカン航空からいろいろ教えてもらうようになった。また、アメリカン航空も貴重なノウハウを惜しげもなく教え、ＪＡＬの再建に献身的なサポートをしてくれた。お互いに非常にハッピーな結果になったのである。

このときのＪＡＬの選択は世界中の航空会社が注目していた。そして、損得ではなく、人間として何が正しいのかで決めると言ってデルタ航空の提案を断ったときは、国交省や企業再生支援機構の人たちも、もちろんＪＡＬの社員たちもびっくりしたようだ。稲盛さんがいくらきれいごとを言っても、倒産直後という追い込まれた状況であれば、最終的には、得な方を選ぶのではないかと思っていたのである。

だが、稲盛さんは違う決断をした。これは稲盛さんの経営哲学は生半可なものではないと、世界に示すことになった。

◉コンサルタント会社の売り込みをすべて断る

このようなアライアンスの検討をしている間にも、世界の航空会社を再生させた実績があるというコンサルティングファームが国内外を問わず何社も売り込みに来ていた。彼らは「稲盛さんのような素人のチームでは再建はできない。航空業界は特殊な業界だからプロのコンサルタントがいないと再建は無理だ」と言った。聞いてみると確かにすばらしい実績があった。管財人の方々や金融機関からもそうした会社を利用してはどうかとのアドバイスも受けた。

全くの素人であるのは間違いないので、彼らの誘いに全く心が動かなかったわけではない。私はそういう方々にお会いして話を聞き、稲盛さんに報告して判断を仰いだ。私の心の底には「少しはサポートをしてもらったらいいのじゃないか」という思いもあった。しかし、稲盛さんは「フィロソフィとアメーバ経営だけで再建する」という当初の思いを貫きたいと言われ、すべての売り込みをお断りすることにした。

稲盛さんにしてみれば、コンサルティングファームの提案は、赤字部門をすべて売却し、黒字部門だけを残すといったリストラがメインであり、さらに多くの社員に辞めてもらうことになる。それは、社員を大切にするという自分の経営哲学と全く合わないと思われたのだろう。また、そのために多額のコンサルティングフィを払うのは、そもそもおかしいと考えられたのではないだろうか。その判断を知った、ＪＡＬの人たちは改めて稲盛さんの覚悟に驚いていた。

これは後日談になるが、ＪＡＬ再建が成功した後、かつてＪＡＬにアプローチしてきたコンサルティングファームの一社が「どういう手法で再建に成功したのか教えてほしい」と聞きに来たことがあった。自分たちがいくらやってもできなかったような見事な再建を全く航空業界に縁のなかった稲盛さんが実現したことが驚きだったようだ。ただ、そこで、意識改革やフィロソフィ教育について話をしても、彼らには全く理解できなかったようだった。心を変えることによって再建ができるとは信じられなかったのである。

稲盛さんから全社員へ出された手紙

稲盛さんは、会長に就任直後より、土曜、日曜を含め、多くのレクチャーを受け、JALの実態の把握に努められた。また、会長として、取引先への挨拶や社内会議の出席が続き、当初予定していた週三、四日の出勤どころか休みもあまりない有様だった。その間、先ほども説明したように、現場をできるだけ訪問するようにしたが、稲盛さんは、それだけでは、自分の思いが全社員に伝わらないのではないかと懸念していた。そのため、まず四月下旬にJALグループ全社員へ、そして五月中旬に全管理職へ、次のような趣旨の手紙を出して、自分の再建に対する思い、社員や管理職に対する期待を伝え、一緒に再建を成功させようと直接訴えたのである。

全社員の皆様へ（要約）

「倒産後も、JALの運航が支障なくできているのは、社員の皆様の協力のお陰であり感謝している。それにもかかわらず今後もリストラをしなければならない状況であり、会長としてお詫びしたい。しかし、皆様と一緒に必死に再建に取り組めば、来年の春には必ず業績を好転させることができる。そのために、必要なことは自助努力であり、全社員がその覚悟をもつことこそが不可欠である。航空業界の利益はフライトからしか生まれないが、その詳細がわからないため、対策の打ちようもない。至急それが分かるような仕組みを作り、全社員と共有し、全員で採算向上に努めたい。そうすれば、必ず収益性は向上できる。

厳しい環境が続くが、社内に何か問題があれば指摘する勇気も必要になる。全社員が当事者意識をもち、改良改善を続ければ、ＪＡＬは世界の航空産業のリーダーとなれる。皆さんと一緒に頑張っていきたい」

管理職（職場リーダー）の方々へ（要約）

「本当のリーダーとして成長し、再建の先頭に立ってほしい。そのために、まず倒産した事実を真摯に受け止め、ＪＡＬの、また自分の何が悪かったのかを謙虚に反省してほしい。自らの非を認めることから再生は始まる。やるべきことがわかったら勇気をもって実行してほしい。そのうえで、皆さんは、あそこまで上司が必死にやっているなら私も頑張ろうと部下が自然に思えるくらいに努力する必要がある。

ＪＡＬは倒産したが、運航できている。そのことに感謝することが最も大切であり、そうすることで、謙虚にも、優しくもなれる。この危機を通じて、自分を厳しく見つめ直し、リーダーとして大きく成長してほしい。そのうえで、責任はすべて自分にあるのだという経営者意識をもってほしい。利益の源泉であるフライトごとの採算もわかるようにするので、皆さんが責任をもって採算管理をしてほしい。

そうなれば、日本航空は世界を代表するようなすばらしい企業として甦ることができる。ぜひ、社員のためにも、応援してくださる国民のためにも、燃えるような情熱をもち、私と一緒に死に物狂いで頑張ってほしい」

このような趣旨の手紙を出した。地方拠点や関連会社では、稲盛さんと直接触れる機会が殆どない社員や管理職の人たちも大勢いた。彼らも、稲盛さんの意気込み、経営に関する考え方を知ることができたのではないだろうか。

その後も、稲盛さんは、折に触れて、社内報などを通じて自分の思いを直接社員に伝えるようにしていた。

◉パイロットの卵たちを感激させた稲盛さんの本気

次は、パイロット候補生たちへの対応である。JALは毎年多くのパイロット志望の社員を入社させていた。しかし路線の大幅な縮小に伴ってパイロットの数も減らさざるを得なくなり、パイロットの希望退職を募ると同時に、パイロットを目指して入社した方々に対する訓練を中止し、地上勤務についてもらうことになった。そのためパイロット候補生たちは文句たらたらだった。

無理もない。彼らは子供の頃からパイロットを目指して勉強を重ね、難関の試験を突破してJALに入社したのである。いよいよこれからパイロットとしての訓練が始まると期待を胸に膨らませていたら、訓練は中止、再開の見込みもないと言われ、パイロットの業務とは直接関係のない仕事を命じられたのである。先輩はちゃんとパイロットになっているのに、自分たちの代から止まってしまったというのだから戸惑いも怒りもあっただろう。

彼らが文句ばかり言って困っているという報告が現場から何度も上がってきており、稲盛さんも「どういう対応をしているんだ」と心配をしていた。「どうしようもないので、とにかく我慢してほしいと話していますが、なかなか理解をしてくれないので困っています」と幹部が言うと、「幹部が逃げ回っていたら解決できるはずはない。一度みんなを集めてほしい。自分が直接話をする」とおっしゃった。そして簡単な立食のコンパをすることになった。

コンパに参加したパイロットの卵たちは四、五十人もいたと思うが、早速何人かが稲盛さんに近寄り、「我々はパイロットを目指してJALに入社したのに、いつになったら訓練に入れるのですか。それも知らされないまま他の仕事をさせるというのは、おかしいのではないですか」と訴え始めた。

すると稲盛さんは、「馬鹿か、お前は。JALの経営状況がどうなっているかわかっているだろう。パイロット一人育てるためには多額のコストがかかるのだから、すぐに再開できるはずがない。お前のためにJALがあるのではないんだ。まずはJALの再建のために一緒に頑張ろうじゃないか。再建が順調に進めばパイロットの訓練は必ず再開する。それまでは今の職場で頑張ってほしい」と話した。

しかし、彼らも自分の人生を懸けているから簡単には納得せず、激論が続いた。こうして何人かのメンバーと厳しいやりとりが続いたが、稲盛さんは一人ひとりと真摯に向き合い、相手の話を丁寧に聞き、自分の思いを伝えた。

コンパの終わりの時間が近づくと、稲盛さんは激論を繰り広げた相手のコップにビールを注いで回った。そして「まあまあ、そう怒るな。お前たちの言い分はよくわかっている。苦労をかけて申し訳ないな。でも会社の事情も理解してくれよ」と、さっきまで真っ赤な顔で怒っていたのに今度はニッコリと笑って、「頑張れよ」と声をかけた。相手は黙って頷いていた。

コンパが終わって、私は稲盛さんと一緒に帰途についた。そのときに稲盛さんはこう言った。「本当に今日は久々に怒った。だが、みんな孫みたいなものだから厳しく言わないとしょうがないな」と。確かにその時は凄い迫力だった。しかし、そこには、本当の孫に対するような深い愛情があったと思う。彼らも稲盛さんの本気と愛情を感じたに違いない。

その後、運航本部長から「ご迷惑をおかけし申し訳ありませんでした。しかし、コンパに参加したメンバーは本当に喜んでいました」と連絡があった。「これまで経営トップは都合が悪いと担当役員に任せきりで逃げていた。でも、稲盛さんは直接出てきて意見を聞いてくれた。駄目なことは駄目とはっきり言ってくれた」と感激しているというのである。

本音で話す、勇気をもって行動する、困難から逃げず真っ正面から取り組むといったことを稲盛さんは常々口にしているが、それを自ら体現された。また、そこには愛情もあった。その姿を見てパイロットの卵たちも頑張ろうと思ってくれたである。結局、ＪＡＬの再建は順調に進み、訓練は再開することができた。稲盛さんは彼らとの約束をきっちり守ったのである。

◉お客様を信じる――クレーム対応への意識の変化

お客様への対応でも稲盛さんは、社員の意識を一変させた。三つのエピソードを紹介したい。

一つ目は、クレーム対応である。従来からＪＡＬにはお客様からたくさんの手紙が寄せられていた。会長あての手紙であってもサポートセンターのような部署の社員が開封して読み、内容に応じた返事を書いて出していた。当然だが、クレームの手紙もあるので、その場合は担当営業に見てもらい対応をするというやり方をとっていた。

ところが稲盛さんはお客様から来た自分への手紙は「全部読む」と言われて、毎週数十通にも及ぶ手紙のすべてに目を通していた。そして、「この手紙にはこういう回答を書いてくれ」とか、「こういう対応をしなさい」と指示を出した。

稲盛さんは手紙を読んでお客様の生の声を知っていた。だから、会議で営業担当の役員が「こういう改善策を打ち、お客様から喜ばれています」と発表したときも、

「お客さんからこういう文句が来ていたぞ。知っているのか？」と指摘し、やり直しを命じることもあった。手紙をくまなく読むことで、ＪＡＬに対するお客様の評価をよく理解していたのである。

その手紙の中には、たまに本当に厳しい内容のものがあった。それについては、「お前が対応してくれ」と言われ、私に対処が任された。

私は営業担当者を呼んで、「こんな手紙が来ているので、どうなっているのかすぐ調べてください」と言った。すると担当者は「大田さん、これは質の悪いクレーマーですから放っておきましょう。お詫びのお金を貰おうとしているんですよ」と答えることがよくあった。

こういう場合、普通ならば「君たちも苦労するな。そういう相手には毅然として対応してくれよ」とでも言うものなのかもしれない。しかし、私は「確かにクレーマーかもしれないけれど、お客様を信用できないなら営業は辞めたほうがいい。お客様は正しい。クレーム対応でたとえ何百万か損をしたとしても、それは必要経費だ。お客様を信じて対応する方が、結局はＪＡＬのためになるはずだ」と言って、できるだけ丁寧な対応を取るように指示をした。

しかし、最初はなかなか納得しなかった。「こういう質が悪い人にそのような対応をすると、さらにクレームが来ますよ」と渋るのである。それでも私が「騙《だま》されてもいいから、とにかくお客様を信用しよう」と説得すると、仕方ないという顔で「わかりました」と答えた。

その後、営業担当が結果報告をしてきた。「心配していましたが、いい人でした。本当に困っていたみたいです。お詫びにまで来てもらい、申し訳ないと言われて、これからもっとJALを使うからねと言ってもらいました」とのことだった。その後も、厳しいクレームがあっても、まずはお客様を信じ、お詫びに行くようにした。中には確かにクレーマーもいたかもしれない。しかし、圧倒的に本当に困っていた人が多く、丁寧な対応をすることに心がけた結果、クレームを起こしても、JALファンを増やすことができたのである。

これは営業にとっては新鮮な発見であったらしく、「自分たちが間違っていました」と何人も報告に来た。このことを稲盛さんに報告すると「当たり前だろう」との一言であった。その当たり前のことができていなかったのである。

再建の陣頭指揮を執るという激務の中で、お客様の手紙をすべて読み、対応を指示するというのは時間もかかり、面倒な仕事である。しかし、こういう一番面倒な仕事を稲盛さんは率先して行った。その結果、お客様サービスの現状を正確に把握できるようになり、それが的確な指示となって、サービスレベルは着実に向上していったのである。

◉誠実さ、真剣さを自らの行動で示す

二つ目のエピソードを紹介したい。ＪＡＬに着任して二年ほど経ったある日、秘書部にお客様から次のような内容の手紙が届いた。

「先日、大阪から羽田までＪＡＬを利用させていただきました。エコノミー席だったのですが、目的地に着き、降りる際、隣に座っていた私よりかなり年配の初老の方が、わざわざ上の棚の荷物入れから荷物を取ってくれました。そのときは急いでいたのでお礼を言えなかったのですが、もしかしたら稲盛さんじゃないかと思い、お手紙を差し上げています。もしそうならぜひ御礼の気持ちをお伝えください」

稲盛さんはＪＡＬの会長に就任すると、京都から東京への移動をそれまでの新幹線からＪＡＬ便に変えた。当然、エコノミー席である。そこで、稲盛さんにその手紙を

見せると、たった一言「それは俺だけれど、お客さんを大切するのは当たり前だろう。荷物を取ったのがどうかしたのか」と言われた。

稲盛さんはＪＡＬ会長に就任以来、とにかく、心を込めてお客様に接することの必要性を話されていた。だから、自分がお客様の荷物を取って差し上げるのは当たり前じゃないかと言われるのである。

これは口で言うほど簡単なことではないだろう。どこの会社でもトップは「お客様第一主義」と言い、「お客様を大事にしよう」と言うが、実際には現場任せになっているだけでなく、場合によっては「お客さんよりも俺を大切にしろ。俺は会長だぞ」となるケースもあるのではないだろうか。かつてのＪＡＬはそうだったとも聞いた。その結果、お客様第一主義は形骸《けいがい》化《か》してしまうのである。しかし、稲盛さんは、現場で、お客様へ自らサービスをする。トップが率先垂範する限り、お客様第一主義が形骸化することはないのである。

最後は、稲盛さんがＪＡＬ会長として、海外出張に行くときの服装についてである。それまで、京セラの要件などで海外出張する時には、機内でお客様や社員と会うわけでもないので、稲盛さんも少しラフな服装で搭乗することもあった。稲盛さんがＪＡ

Ｌ会長就任後の海外出張に私も同行することがあったが、その時、私は同じような感覚で、ネクタイは締めずに、ビジネスカジュアルで搭乗した。一方、稲盛さんは、スーツ姿でネクタイを締めておられた。窮屈だと思ったので「楽な恰好にされたらどうですか」と言うと、「会長として仕事で行くんだ。お前と違うわ」と言われた。そして、寝るときもネクタイを外さなかった。

スーツ姿で長時間飛行機に乗るのは正直しんどいし、飛行機に乗っているときくらい楽な格好をしてもいいのではないかと思う。しかし、機内にいるのは、大切なお客様であり、また社員である。そこでは、稲盛さん個人の立場はない。ＪＡＬの会長として、決して隙を見せてはならない。そう感じられておられたのだと思う。

従来ＪＡＬの役員は、空港でも機内でも、社員から上司として扱ってもらうことは当たり前だと考えていたようだ。そのため、当初は、稲盛さんが空港に来られるとお客様に対する以上のサービスをしようとすることがあった。それを稲盛さんは嫌った。大切にすべきはお客様だけであり、自分もお客様にサービスをする立場だといわれ、自分に余計な気を遣おうとする社員がいると厳しく注意した。従来のトップとの余りの差に、戸惑った社員もいたようだが、お客様第一主義とは何かを肌で感じてくれたのではないだろうか。

私は、稲盛さんの会長という職務に対する誠実さ、真剣さをそこでも感じた。このような稲盛さんの姿勢を見て、自分の本当の役割は何か、仕事の本質とは何か、お客様を大切にするとは何かを改めて考えた社員も多かったのではないだろうか。

この三つのエピソードにあるように、自らあるべき姿を示すことで、稲盛さんは社員の意識を現場で直接変えていったのである。

◉「常に」善きことを思わなくてはいけない

マスコミが二次破綻必至と報道していたＪＡＬは、想像を超えるスピードで再生され、高収益企業となった。それに一番驚いたのは、競合他社であろう。その競合他社は、ＪＡＬに負けまい、競争に勝とうと、いろいろな対策を取ってくる。なかには、これはおかしいと思われることもあった。

そのため、ＪＡＬの幹部が稲盛さんに競合他社への恨みつらみを口にした。それに対して、稲盛さんは「相手が不正をしているのなら正々堂々と戦えばいいが、相手は相手で生き残りのために一生懸命努力をしている。競争相手だからといって悪口を言ってはだめだ。自分たちは自分たちで一生懸命にやればいい」と言って、その幹部を厳しく諭した。

どんな事情があろうと、相手を悪く言ったり恨んだりしてはいけないというのである。これは「常に善きことを思わなければいけない」という稲盛さんの生き方に基づいた発言である。

私たちは何か大きな問題に直面したり、思いがけず不遇なことに遭ったりすると、「なんで自分だけがこんな目に遭わなければいけないのか」「相手が悪いから自分はこんな目に遭っている」とつい愚痴を口にしてしまう。

しかし、稲盛さんは「それは絶対にだめだ。どんなことがあろうと常に善きことを思い、まずは自分が一生懸命努力しなければだめなんだ」と言うのである。

相手の悪口を言い、自分の不遇を嘆いたところで、仕事がうまくいくわけではない。それどころか、逆に何もかもうまくいかなくなってしまう。だからどのような困難に直面しようと、どんなに不運に陥ろうと、不平不満を言うのではなく、感謝の気持ちを忘れずに、前向きでいなければならない。そうすれば必ず人生は良くなっていく。それは稲盛さんの信念なのだ。

私は、ここで大切なのは「常に」ということだと思っている。善きことを思うというのも、「常に」でなくてはいけない。普段は善きことを思っても、何かの拍子に愚痴や不満を言い、ネガティブになれば意味がない。「常に明るく」も同じで、普通は明るいけれど、何か問題に直面すると、暗くなるようでは意味がない。常に善きことを思い、常に明るく前向きな人間にならないとだめだというのが稲盛さんの生き方である。

◉無償の愛が社員の心に火をつける

稲盛さんが会長に就任して二年近く経ったときに開催された会議での稲盛さんの発言を紹介したい。その会議で稲盛さんは、いろいろと話をしたあと、このように言われた。

「私はＪＡＬを、社員の皆さんを愛している。これからもきついことを言うかもしれないが、それは皆さんが幸せになってほしいと願っているからだ。まだまだ厳しい道のりは続くと思うけれども、ぜひ一緒に頑張っていきましょう」

それを聞いた幹部の何人かは涙を流していた。私は驚いて、「どうしたのですか?」と尋ねた。するとその幹部は「こんなとき、トップはもっと頑張れと叱咤激励するのが普通なのに、稲盛さんは私たちを愛していると話してくれた。愛しているとは、自分を犠牲にしてでも相手に尽くそうというときに出る言葉です。それを聞いて感動して涙が出てきました」と話をしてくれた。また別の幹部は「稲盛さんは太陽のような人だ。厳しいけれども常に温かい愛情を注いでくれるので、近くにいるだけで元気をいただける」と言った。

ＪＡＬの社員たちは、それまでも一生懸命に働いていたが、トラブルが多発し、実績が上がらないため、経営トップからいつも厳しい指摘を受けていた。また、マスコミからも何か起こると傲慢だと常にたたかれていた。そして本当に倒産してしまったので、社会からもさらに厳しい目で見られ、社員の心はすさんでいた。その社員たちに対し、稲盛さんは就任直後から、政府から派遣されたトップとしてではなく、同じ厳しい環境におかれた同志として、ＪＡＬの方々に接していた。

社員たちは、高齢である稲盛さんが、何の見返りも求めず、自分の人生をかけて、ＪＡＬの再建に懸命に取り組んでいることを知っていた。空港現場などを訪れる稲盛さんの謙虚な姿を見たり、人間としての在り方を一生懸命に話す様子を聞いたりする中で、稲盛さんの厳しさだけでなく、温かさ、優しさ、言い換えれば愛情を感じていた。それが社員の心に火をつけ、組合問題などを乗り越えて全社員が再建に向かって一致団結し、全力を尽くすようになったのだ。つまり、稲盛さんが社員を愛した分だけ、社員も稲盛さんに愛を返してくれた。その結果、ＪＡＬは見事に再建ができたのである。

社員を愛しているなどとは簡単にはいえない言葉である。もし、そう話したところで、実態が伴わなければ感激してくれる社員はいない。しかし、稲盛さんの場合は、常に本当に社員のことを心配し、社員に幸せになってほしいと思い行動していたので、自然と社員を愛しているという発言になったのだろう。そして、社員はその愛を肌で感じていたからこそ、感激して涙したのだと思う。

見返りを全く求めない、無償の愛には偉大な力があると多くの宗教が教えている。私はそれが真実であることを体験することができ、本当に幸せだと感じた。

◉謙虚にして驕らず、さらに努力を

ＪＡＬが再上場した時の話である。二〇一二年九月十九日、事業会社としては戦後最大の倒産であり、再建不可能、二次破綻必至だと言われていたＪＡＬが、一年目には千八百億円を、二年目には二千億円を超える営業利益を生み出し、二年八か月という短期間で、また、想像できないような高収益企業として、復活し、再上場を果たした。このことに対しては、特別な優遇措置があったのではないかなどと言う批判も一部にはあったが、法治国家である日本でそのようなことができるわけはない。再上場を果たしたころには、大半のマスコミもＪＡＬの復活を高く評価していた。

社員も、歯を食いしばり懸命に努力した結果、業績もよくなり再上場できたということを心から喜んでいた。また、いつも批判ばかりしていたマスコミからも褒められるようになり、少し驕りも生まれていたかもしれない。

その時、稲盛さんはＪＡＬ全社員に向けて「謙虚にして驕らず、さらに努力を。現在は過去の努力の結果、将来はこれからの努力で」というメッセージを送った。「どのような企業でも、経営が順調に進めば、経営者や社員の心に油断が生じ、慢心が芽生える。そうなれば、経営はあっという間に悪化してしまう」と警鐘を鳴らしたのである。

そして「ここまでの苦しい道のりを一緒に歩んできた社員に心から感謝したい。しかし、今回の上場を機に、謙虚さを忘れることなく、ＪＡＬフィロソフィをさらに学び、実践しようとするなら、そう遠くない将来に、日本航空は社員の意識の高さと経営の安定性において世界で最も優れた航空会社になれると確信している。その時、皆さんの人生もより良いものになっているはずだ」と訴えた。

このメッセージは多少浮かれかかった社員の心を引き締め、更なる飛躍を目指す契機となった。上場後「謙虚にして、驕らず」は、ＪＡＬの合い言葉にもなった。


最後のエピソードを紹介したい。三年目だったと思うが、ＪＡＬの役員が集まった忘年会での出来事である。冒頭に稲盛さんが幹部社員の苦労をねぎらい、「今日は楽しい忘年会にしよう」と挨拶をされた。大変盛り上がった忘年会になり、宴も最高潮になったころ、ある幹部役員が酔って「オイ、和夫、歌を歌おう」と稲盛さんに向かい突然言い放ったのである。

その場は一瞬シーンとした。私もひやりとした。いくら稲盛さんとはいえ、年齢が二十歳ほども違う役員から呼び捨てにされては、黙っていないだろうと心配したのである。しかし、稲盛さんは「よっしゃ、歌おう」と笑顔で立ち上がり、マイクを取った。そして、その忘年会はさらに盛り上がったものになった。私だけなく、その場にいたすべての役員が、稲盛さんというリーダーの器の大きさを改めて感じたのではないだろうか。幹部の一体感はさらに高まっていった。

いくつかの事例を紹介したが、いずれも、稲盛さんがいかに誠実に、真剣に、ＪＡＬ再建に取り組んでいるのか、そして、それを支えているのが、稲盛さんの純粋な善意であることがわかっていただけるのではないだろうか。

第十章　甦った心

◉何よりも大切なのはヒューマンウェア

ＪＡＬは奇跡的なスピードで再建を果たした。しかしこの間、ＪＡＬの物理的環境は何も変わっていない。財務体質は弱く、機材も古いものばかりで、他社と比べると大幅に劣っていた。ＩＴ化も遅れ、手作業が多く残っていた。また社員の待遇は倒産によって大幅に悪化し、給与水準もかなり低くなっていた。さらに更生計画に従い、多くの社員に職場を離れてもらったため、一人ひとりの仕事の負担は大きく増え、職場環境も決して恵まれたものではなかった。

普通であれば、そういう厳しい環境におかれると、社員は将来への希望を失い、不平不満を言い合い、そのため、業績はさらに悪化するという悪循環に陥るだろう。しかし、ＪＡＬはそうならなかった。同じ劣悪な環境の中であるにもかかわらず、社員は助け合い、明るく元気に仕事に励み、高収益企業へ生まれ変わった。

私がたまたま出席したフィロソフィ教育の冒頭に、ある幹部が私にこう言った。

「ＪＡＬはハードウェアもソフトウェアも古くて二流かもしれません。しかし私たちは今、最強のヒューマンウェアをもっています。だから強くなれたのです。フィロソフィを教えてもらって心から感謝します」と。それを聞いて、私も感動した。

考えてみるとわかることだが、目に見える機材や設備などのハードウェアは時間が経つと必ず劣化する。ソフトウェアもあっという間に陳腐化してしまう。しかしヒューマンウェア、つまり人間の心は、いくら時間が経っても磨けば必ず高まる。倒産という大変厳しい環境の中で会社に残った社員たちはＪＡＬフィロソフィを一生懸命学び、自分たちの心を変え、行動を変えた。それがＪＡＬの再生につながったのである。

ただし、人間の心は弱く、磨くのを忘れるとすぐに劣化し、錆び付いてしまう。だからフィロソフィの力を実感したＪＡＬの人たちは、もう二度と昔のＪＡＬに戻らないようにと、その後もフィロソフィを一生懸命学び、血肉化しようとしている。その結果、すばらしい実績を維持できているのである。

◉なぜＪＡＬフィロソフィを学ぶと心を変えられるのか

では、フィロソフィを学ぶことによって、なぜ心を変えることができたのだろうか。

稲盛さんは、人間の本質は真善美に満ちたもの、つまり、正しいもの、善きもの、美しいものであり、人間の心の奥にある魂のレベルでは、人間は愛と誠と調和を追い求めていると言っている。「愛」とは他人の喜びを自分の喜びとする心、「誠」とは世のため、人のためになることを思う心、「調和」とは自分だけでなく、周りの人々みんなが常に幸せに生きることを願う心であると言う。それほど人間の本質は美しいものだと教えている。「ＪＡＬフィロソフィ」にはそのような考え方がベースにある。

一方で、その人間の心は弱くて、もろいことも間違いない。人の役に立ちたい、すばらしい人生を送りたいと願っていても、「朱に交われば赤くなる」というように、最初は「おかしいじゃないか」と思っていた環境にもいつのまにかなじみ、染まってしまう。ＪＡＬの社員も同じだったと思う。「日本の航空業界の発展に貢献したい」「お客様から愛されるＪＡＬにしたい」と思い、一生懸命に働いている中で、いつの間にかそれまでのＪＡＬの社風に染まっていったのではないだろうか。

そのような人たちが、人間のあるべき姿を説く稲盛さんに啓発され、またＪＡＬフィロソフィを学ぶことによって、自分の本来の姿を思い出し、それに戻ろうと努力を始めた。そして、心が変わり、行動が変わっていったのだと思う。

その先頭に立ったのがリーダー教育を最初に受けた幹部たちだろう。倒産直後に約一か月間、ほぼ毎日徹底してリーダーの在り方を学んだ。もし月に一回の勉強会であれば、元に戻ったかもしれない。しかし、毎日のように学ぶ中で稲盛さんの考え方は自分のものになっていった。

その後、稲盛さんから、会議などで、直接指導を受け、稲盛さんが話されていることと実際の判断や行動が完全に一致していることを知った。そこにリーダーの理想の姿を見出し、稲盛さんのようになりたいと心から願い、自らの意志でＪＡＬフィロソフィを懸命に学び、心を磨き、それを少しずつ体現できるリーダーとなっていった。そうすると社員や仲間からも信頼され始め、求心力の高いリーダーとなり、再建をリードできるようになったのである。

その上司と一緒に仕事をしている部下たちも上司の変化に驚き、「自分たちもそのようになりたい」と思うようになり、ＪＡＬフィロソフィを身につけようと努力し始めた。その輪がどんどん広がり、職場に活気が生まれてきた。そうしているうちに、それまでは、どうしても抜けきれなかったＪＡＬの古い文化、おかしな社風から抜け出していったのである。

もう一つには、若い一般社員から心が変わり、行動が変わったということがある。「ＪＡＬの発展に貢献したい」「自分の夢を実現したい」という純粋な思いでＪＡＬに入社してきた人たちは、入社半年もすると、あまりにひどいＪＡＬの社風に驚き、落胆したという。社内はバラバラで、不平不満が渦巻いている。マニュアルを守るのが最優先で、自分で工夫をすることも提案することも許されない。そのような社風に強い違和感を持っていた。

そのような若い社員が「ＪＡＬフィロソフィ手帳」を手渡され、全社共通のフィロソフィ教育を受け、職場でも独自のフィロソフィ教育が始まった時に、「これだ！これこそ私が目指すべき生き方だ」と思ってくれた。そして、自主勉強会を始めるなど、自分たちの職場で意識改革を進めてくれるようになった。

これは決してＪＡＬだけではないと思うが、現場で若い社員と話すと、その純粋さ、ひたむきさには感銘を受けることも多い。そのような若い人たちが声を出して、人間として正しいこと、つまり、「人間として当たり前のことをやりましょう」と言い始め、ＪＡＬフィロソフィをさらに学ぼう、それに従って仕事をしようと言い始めたのである。

毎年一回開催されるＪＡＬフィロソフィ体験発表会でも、多くの若手社員が、自らのフィロソフィに関する体験を赤裸々に発表している。ＪＡＬフィロソフィを信じ、大変な苦労を重ねながらも自分でこうすべきだと思ったことを実践し、「人間的に大きく成長できた」という発表を聞き、稲盛さんをはじめ、感激して涙を流す幹部は多い。現場で若い社員の心が変わり、行動が変わり、それが上司にも影響を与えた。これがＪＡＬ全体で社員の心が変わっていったもう一つの要因だと思うのである。

このように、上から、つまり幹部から、そして、下から、つまり現場の社員から考え方が変わり、ＪＡＬ全員の心が変わった。それが可能になったのも、最高のお手本となる稲盛さんが中心にいて、ＪＡＬフィロソフィというものがあったからである。ＪＡＬ全体で、また職場で、繰り返しＪＡＬフィロソフィを学び、迷ったときには「稲盛さんならどうするだろう」「ＪＡＬフィロソフィに照らし合わせたらどうだろう」と考え、判断できるようになったからなのである。

◉成功方程式とＪＡＬ再建

稲盛さんの成功方程式「人生・仕事の結果＝考え方×熱意×能力」を第２章で紹介した。それは人間の集団でもある企業にも適用できるはずであるという私の考えを述べ、企業の成功は、「社員の考え方」×「社員の熱意」×「社員の能力＋社員の能力をフルに発揮させる経営システム」という方程式で示すことができると説明した。

　これをＪＡＬの再建に当てはめてみたい。

　まず、「考え方」であるが、稲盛さんが自らの経営哲学をリーダー教育で、また現場で一生懸命に伝えた。また全社フィロソフィ教育や部門ごとのフィロソフィ教育により、社員の意識、「考え方」は間違いなく向上していった。不平不満を言い募るようなマイナスだった社員の「考え方」が、みんなで助け合いながら再建を進めようというプラスになったのである。

　では、「熱意」はどうだろうか。

　まず稲盛さん自身が必ず再建を成功させるという志をもっていた。そして、会長着任早々に「新しき計画の成就はただ不撓不屈《ふとうふくつ》の一心にあり、さらばひたむきにただ思え、気高く強く一筋に」という中村天風氏の言葉を紹介し、再建への強い思いをもつことの必要性を全社員に伝えた。また、経営の目的は「全社員の物心両面の幸福を追求すること」であると明言し、自分たちの幸せは自分たちで築かなければならないと、自助努力の大切さを教えた。その結果、ＪＡＬ全体の「熱意」も高まっていったのである。

　「能力」はどうだろうか。第二章でも述べたように、企業の本質的な資産が社員であれば、社員の能力をフルに生かせる経営システムこそが最も重要な「能力」となる。そのようなシステムがあれば、自ずと技術力も、生産力も、財務力も高まっていく。稲盛さんは、人間には誰にでも無限の能力があると信じ、その無限の能力を引き出す経営システムとしてアメーバ経営を考案した。ＪＡＬでもそのアメーバ経営を導入した結果、財務力も、技術力も、機材などの生産力も、つまり企業としての「能力」も格段に高まったのである。

このように、企業の成功方程式に当てはめれば、ＪＡＬ再建も合理的に説明することができるのである。

◉再建が早く進んだ理由

それにしても、ＪＡＬ再建のスピードは速かった。なぜか。それは稲盛さんに途方もなく大きな愛、利他の心、つまり善き思いがあったからだと私は確信している。世の中には、事業を成功させた経営者は数多くいる。倒産した企業を再生した経営者も多い。ただ、そのような経営者と稲盛さんとの決定的な違いは、その動機であろう。

どのような経営者であろうと、その動機には、多少の名誉欲、功名心、金銭欲などが入っているのではないだろうか。

しかし、JAL再建において、稲盛さんの心の中にあったのは、「JALの社員に幸せになってほしい」という一点だけであった。そのために、晩節を汚《けが》すと言われても、老骨にムチ打って、全くの無報酬で、誰よりも一生懸命に再建に取り組んだ。そして、成功の対価も一切求めなかった。そのような稲盛さんの私心の全くない純粋な善き思いが、直接指導した幹部だけではなく、現場で一生懸命働いているすべての社員の心にも火をつけ、あっという間に、「考え方」も「熱意」も「能力」も高まっていったのである。

誰から見ても疑いようもない善き思い、途方もなく大きな愛、純粋な利他の心とは、成功方程式の三つの要素を高めるために、つまりJALという集団の炎を燃やし続けるために不可欠な酸素のようなものであり、それを稲盛さんは常にJALの全社員に与え続けた。その結果、全社員が「自分がJALを再建するのだ」という強烈な経営者意識をもつようになり、本当の全員参加経営が実現し、JALは想像を超えるスピードで再建を進めることができたのである。

◉善き思いとは何か

稲盛さんは「善き思い」の重要性について講演や著書で繰り返し述べている。稲盛さんだけではなく、仏教では「人生には因果応報の法則があり、善因が善果をもたらす」と教えている。また、英国の哲学者ジェームズ・アレンも『原因と結果の法則』という有名な著書で同じようなことを述べている。

このように善き思いをもつことの重要性は、世界中で古くから言われていることであり、それを否定する人はいない。そして人間は、自己肯定をする生き物なので、誰でも自分は善き思いをもち行動していると思いがちである。しかし、その善き思いは、稲盛さんのように一〇〇%純粋なものでなければならない。

善き思いには、よく大善、小善があると言われている。「大善は非情に似たり、小善は大悪に似たり」というように、大善をなすということは、例えば子供や部下の成長を願い、時に非情に徹するほど厳しく育てることである。一方、子供や部下を甘やかし、結果として本人の成長を阻害してしまうような優しさは小善でしかない。この小善には、子供や部下からよく見られたいという私心が入っているので、純粋な善き思いではない。だから、善き結果を招かないのである。

もう一つ、独善というものもある。かなり前になるが、私はある会議の後で稲盛さんから「あいつはみんなのためだと言っているが、結局は自分のためにやっている。ああいう独善が一番困る」と聞き、なるほどそうだなと思ったことがある。組織の中では、本人は善きことをなしていると勝手に思っていても、私心が入り、独善になっていることもある。それでは周囲の理解を得ることも、組織をまとめることも、成果を上げることもできない。

それでも自分では大善をなしていると勘違いをし、さらに厳しくなり、独善を強める。結果として社員の心の灯を消してしまい、組織の停滞、場合によっては破滅を招く。政治の世界では独裁者と呼ばれる人がそうであろう。スポーツ界でもそのようなことが起きているようである。最初は善きことをなしたいと思っていたリーダーが、いつの間にか独善、そして独裁になったのである。

稲盛さんは先にも紹介したように、第二電電、現在のＫＤＤＩを創業する際、半年間「動機善なりや、私心なかりしか」と自問自答を繰り返し、自分の動機が純粋な善であり、私心がないことを確認したのちに創業を決意されたという。リーダーになる人は、このように本当の「善きこと」とは何かを真摯に考え、独善や小善の罠にかからないように注意すべきではないだろうか。

一方で、私たちの日常の生活でも「善きこと」はいつでもできる。稲盛さんは「和顔愛語」、つまり笑顔で他人と接し、思いやりのある言葉を発することも大切な善きことだという。みんなが明るく笑顔があふれるような職場であれば働きやすく、活気にあふれ、仕事もはかどるであろう。お客様もそのようなところとの取引を増やしたいと思うはずだ。

さらに、稲盛さんは、日々の生活の中で感謝することも大切な「善きこと」だと話されている。ただ、その場合、感謝の見返りを期待してはならないとも言う。何をしてもらわなくても、とにかく、まず、自分から「ありがとう」という言葉を発する。そうする中で、「ありがとう」の連鎖、感謝の循環が始まり、生き生きとした明るい職場になるというのである。

経営の現場も、日々の生活も、楽しいことばかりではない、厳しいことの方が多いかもしれない。だからこそ、和顔愛語を心掛け、感謝の心を忘れない、そのような「善きこと」は、我々凡人でも実践できる。そのような中で、私たちは本当の幸せを感じることができるのではないだろうか。

◉ＪＡＬ再生の普遍性と全員参加経営

稲盛さんは、ＪＡＬの再建について、「俺だからできたという特殊な事例としてとらえてほしくない。そう思ってしまえば、誰も同じようなことはできないことになる。そうではなくて、誰でも同じようにすれば、事業を大きく成長させることも、事業を再建させることもできる。だから、ＪＡＬの事例をよく学んで、いいところは取り入れて経営に役立ててほしい。その結果、多くの企業がよくなれば、自分が必死に取り組んだＪＡＬ再建にも大きな価値があったことになる」とよく話されていた。確かに「ＪＡＬ再建が特殊な例」で終わってしまえば、一般化できないということになり、歴史の一ページを飾るだけになる。

「一国は一人を以て興り、一人を以て亡ぶ」という言葉があるように、どのような組織であっても、その盛衰を決めるのはリーダーであることは間違いない。その意味でも、ＪＡＬの再生は稲盛さんというすばらしいリーダーが成し遂げたことは事実である。また、誰でも、稲盛さんのようなリーダーになれるわけではない。

それでも、ＪＡＬの再建から少しでも多くを学び、それを自分の人生や仕事に生かすことは誰でもできる。そうすることによって、ＪＡＬの再建はさらに大きな社会的な価値をもつと思うのである。

昨年、日本経済新聞に「アメリカの調査会社によると、日本企業で熱意のある社員の割合は六％だけであり、それは先進国のみならず、世界の中でも最低レベルであり、それが、日本経済低迷の要因である」との記事が掲載された。聞いてみると、バブル経済以前の日本は、世界的に見ても、やる気のある社員の割合は高く、欧米の企業はそれを見習おうと経営改善を進めたという。それが、現在では逆に世界の最低レベルに落ち込んでいるのである。

成功方程式でいえば、バブル経済以前は、企業の「能力」は、ほどほどだったが、全社員の「考え方」も「熱意」も高く、高成長を続けることができた。しかし、現在はまだ「能力」はある程度高いが、社員の「考え方」はやや利己的になってきている。そして、「熱意」をもっている社員は極端に減ってしまった。その結果、企業業績は伸び悩んでいるということになる。

「熱意」が低い企業の「能力」が低下していくのは自然の道理である。そうすると、日本経済の成長はあまり期待できないことになる。

熱意のある社員が六％しかいないということは、日本企業はたった六％の社員によって支えられていることを、つまり全員参加の経営が全くできていないことを示している。もし、この数字が高くなり、一〇〇％近くになれば、日本企業の業績は飛躍的に良くなるはずだ。私は稲盛さんから「経営は幹部だけでできるものではない。経営の要諦は全員参加の経営を実現させることであり、フィロソフィもアメーバ経営もそのためのものなんだ」と繰り返し教えてもらった。そして、そのことが真実であることを、私はＪＡＬの再建を通じて実感した。

ところが、その全員参加の経営を、つまり、全社員がやる気をもって仕事に取り組んでくれるような社風を作ることは容易ではない。なぜなのか。例えば、「全員参加経営を進める」と言いながらも、社員を信じることもなく一方的な指示ばかりを出しているようであれば、社員のやる気が高まるはずはないからである。しかし残念ながら、実際はそのようなことが多くの日本企業では行われているのではないだろうか。

では何が大切なのか？

私がＪＡＬ再建の中で学んだことは、全員参加の経営を実現するためには、幹部を含め、全社員の心の在り方、心の様相をまず変える必要があるということである。

経営トップは、経営の意義、目的を明確にすると同時に、それを実現するには自分の力だけでは無理なので、社員を信じ、そこに集う全社員に「協力してほしい。一緒になって経営理念の実現を目指そう」と謙虚になって訴える。そして、会社発展のために、つまり社員の幸福のために、率先垂範して誰よりも懸命に働く。そこに集う社員は、信じられ、期待されていることに、意気を感じ、会社の発展に少しでも貢献したいと本気で思い努力する。

そのような、経営トップと社員の心の在り方がベースにあって、初めて全員参加の経営が実現できるのであり、そこに少しでも不信感があれば、全員参加経営ができるはずはないのである。

ＪＡＬでは、これまでのエピソードなどでも紹介したように、稲盛さんは、当初から経営の目的を明確にすると同時に、「社員を信じ、心をベースにした経営を進めたい」と言い、そのために必要な考え方や心の在り方を繰り返し教えていた。その結果、幹部を含めた全社員の間に強い心の絆が生まれ、アメーバ経営もスムーズに導入でき、真の全員参加の経営が実現できるようになったのである。

日本企業で熱意のある社員の割合が六％であるなら、恐らく、倒産する前のＪＡＬ

はもっと少なかったのだろう。そのＪＡＬが、如何にしてやる気のある社員を増やし、全員参加の経営を実現したのか。そのプロセスは、決して特殊なものではなく、普遍性があるのではないだろうか。学ぶところも多いと思うのである。

◉甦った心

ＪＡＬには、本当に純粋で、すばらしい社員ばかりいた。全社員が「ＪＡＬをさらにいい会社にしたい」「お客様にもっと喜んでもらいたい」「仲間と一緒にすばらしい人生を送りたい」と心の中では願っていた。ただ、純粋だからこそ、影響を受けやすく、染まりやすかった。いつの間にか、自部門だけのことを考えるようになり、お客様より自分たちや自分たちで作ったマニュアルを大切にするようになり、ＪＡＬに集う仲間のことも忘れてしまった。

そして、業績が悪化するに従い、希望も、仕事に対する情熱も薄れてしまい、不平不満を口にするようになった。美しい心が傷ついてしまっていたのだ。その心を元に戻した、つまり甦らせたのが、これまで説明してきた稲盛さんの純粋な善き思いであり、ＪＡＬフィロソフィなのである。

私たちは、一度何かに染まった心は簡単には元には戻らないと思いがちだが、それは間違っている。ＪＡＬ再建で示されたように、人の心は甦ることができる。そうなりたいと思い、努力を重ねるなら、本来の美しい姿に戻ることは可能なのである。一方で、ＪＡＬが倒産したという事実は、人間は崇高な存在であるが、その心は弱くてもろいことも示している。そのことも忘れてはならない。

その意味では、現在のＪＡＬは、新たな危機を迎えているのかもしれない。それは成功である。成功ほど、人の心を惑わし、狂わすものはない。それが、大成功であればなおさらである。成功に対する賛美、そして誘惑、成功によってもたらされた心の歪みは痛みもなく気がつきにくい。しかし、いつの間にか心をむしばみ、社風を変えていく。

少しでも驕りが生まれ、幹部や社員の心の様相が変われば、全員参加経営も少しずつ形骸化してしまう。倒産という厳しい試練をようやく乗り越えたにもかかわらず、成功という甘い試練に翻弄され、元に戻ってしまうかもしれない。

稲盛さんは、成功も試練であり、神様は人間に成功という試練を与え、それに驕り油断するような人間なのか、それとも、成功に惑わされることなくいつまでも誠実に真剣に生きる人間なのかを試されているのだという。だからこそ「謙虚にして驕らず、さらに努力を」というメッセージを再上場時に贈ったのである。

私は、その稲盛さんのメッセージを忘れることなく、経営が順調であればあるだけ、倦まず弛まず全社員でＪＡＬフィロソフィの血肉化にさらに努め、社員の意識のレベルの高さにおいて、世界一の企業を目指し続けてほしいと願っている。そのような地道な努力を続けるなら、世界のＪＡＬとしてさらに高く羽ばたき続けることが必ずできるだろう。

ＪＡＬの方々には倒産という試練だけでなく、成功という試練も乗り越え、企業としての正しい在り方を、そして人間としての正しい生き方を世界に示し続けてほしいと思う。そのことが、再建に協力してくださった多くの関係者、そして稲盛さんへの恩返しになるのではないだろうか。それは間違いなく可能だと私は固く信じている。

エピローグ

ＪＡＬ再建は、金融機関、株主、そして多くの国民の皆様、政府関係者などのご支援、ご理解のもとで進められた。企業再生支援機構、管財人団の方々を中心として作成された緻密な再建計画がなければ、そもそも再建はスタートさえできなかった。このように多くの方々に支えられてＪＡＬの再建は順調に進んだのである。そのことに対して、当事者の一人として心からの感謝を申し上げたい。

一方で、その再建プロセスでは、通常の企業再建ではあまり見られないような光景もあった。それは、それまでＪＡＬとは全く関係のない方々の献身的な協力であり、稲盛さんを中心に、善意が善意を呼ぶというような出来事でもあった。最後にそのいくつかを紹介したい。

◉盛和塾　塾生の善意

まず、盛和塾の塾生たちである。盛和塾は一九八三年、稲盛さんが五十歳を超え、経営者として最も忙しいころに、京都の中小企業経営者に頼まれ、誕生した。稲盛さんは、日本経済を支えているのは中小企業であり、その健全な発展こそが、日本経済に役立つとの信念から、経営者にとって最も大切な心の在り方や経営哲学をボランティアで教えている。現在では世界各地にも支部が生まれ、塾生数は一万三千名を超えている。

盛和塾での活動は、損得を考えれば何の得にもならない。ただでさえ忙しいのに全国を飛び回って、無償で中小企業の経営者の方々に自らの体験や経営哲学を伝え、一緒に酒を飲み、腹を割って話をする。普通の経営者であれば、そんな面倒なことはしないだろう。しかし、「世のため人のために役立つことが人間としての最高の行為である」という確固たる人生観をもっている稲盛さんは、塾生たちが人間として、また経営者としてもっと成長してほしい、それぞれの企業を発展させ、社員を幸せにしてほしいという純粋な思いをもって、多忙を極める中でも、盛和塾活動に多くの時間を割いている。

ＪＡＬ会長に稲盛さんが就任すると決まった時の塾生の反応は複雑だったが、実際に着任すると「我々を救ってくれたのと同じように、今度は、塾長がＪＡＬを救おうとされている。そうであれば恩返しのためにも再建を手伝おう」と盛和塾をあげて応援することになった。

倒産直後、マスコミから厳しく批判され、お客様からも罵声を浴びるような中、塾生たちは、「頑張りなさいよ。応援しているからね」と社員に温かい言葉をかけ、さりげなくメッセージカードを渡した。その言葉に涙を流した社員もたくさんいた。

この盛和塾では、毎年夏に四千名ほどの塾生が集まる盛和塾世界大会を横浜で開催している。その運営の手伝いをＪＡＬの若手社員がお礼の意味も含めて行った。そこで、彼らは、経営者である塾生たちが、稲盛さんの経営哲学を身につけようと必死になっている姿をみて衝撃を受けたという。

彼らはすぐに行動を始めた。自分たちこそが、勉強すべきだと「ＪＡＬフィロソフィを磨く会」という組織を作り、定時後や休みの日に集まり、稲盛さんのビデオを見たり、フィロソフィについて議論するようになった。これが先にも説明したフィロソフィの自主勉強会の先駆けとなった。それを契機として、現場でのフィロソフィの浸透もさらに進んでいったのである。

稲盛さんが、善意で始めた盛和塾の塾生たちが、ＪＡＬの社員を励まし、フィロソフィの重要性を身をもって示してくれた。塾生たちの善意が、今度はＪＡＬの再建の大きな力となったのである。

◉善意が善意を呼ぶ

その他、善意の協力者というべき人も次々と現れた。鶴田国昭さんは、日本人では唯一米国大手航空会社の副社長にまでなられた方である。ＪＡＬが苦境に陥っているのを知り、何とか助けたいと米国ヒューストンから飛んでこられ、整備や調達の若手メンバーを指導していただくと同時に、ボーイング社との交渉でも辣腕《らつわん》を振るってもらった。

米国ワシントンにいるロビイストで、デンシックさんという方がいる。彼は、稲盛さんを以前よりよく知っており、心から尊敬していた。アライアンスをどうするか議論を始めたときは、ワシントンから飛んできて、アドバイスをしてくれた。次期機材を検討し始めた時は、エアバスの会長を紹介してくれた。デンシックさんに稲盛さんの役に立ちたいという善意があったからである。

それ以外にも、ＪＡＬの再建を少しでも手伝いたいという人があちこちに現れた。純粋な善き思いに触れると、触発されて、それまで心の中で眠っていた善き思いが呼び覚まされるのかもしれない。善意が善意を呼ぶということなのだろう。

稲盛さんを中心に善の循環というものが生まれ、それもＪＡＬ再建の大きな力になったように思う。

◉ＪＡＬ再建の価値

ＪＡＬ倒産は、衝撃的なニュースであり世界的にも大きな注目を集めた。誰もが「再建は不可能」と断じたそのＪＡＬは、稲盛さんの全く私心のない善き思いで、そして、稲盛さんを中心とした社内外の善き思いが循環して、想像もできないようなスピードで再建された。その中で、稲盛さんが会長就任にあたって掲げた三つの大義、つまり、日本経済に対する貢献、残された社員の雇用の維持、日本の航空業界における健全な競争環境の確保は、すべて実現された。そして、この奇跡的な再建は、更なる驚きをもって世界に大きく報じられた。

ＪＡＬの奇跡的ともいえる再生は厳然たる事実であり、誰も疑うことはできない。そのことは、人間の心はもともと美しく、私たちが想像する以上の偉大な力をもっていることを教えている。そして、その心はもし一度何かに染まってしまっても、純粋な善き心に触れると再生され甦ることができることを、さらには、善き心が中心にあれば、人間は団結することができ、不可能と思えることさえも実現できることを示している。

現代社会は、物質的には豊かになったが、それでも不平不満を言う人も多い。しかし、そのような世知辛い世の中であっても、善き思いを貫けば、すばらしい人生が送れる。そのことをＪＡＬ再建が明確に示した。そのことが、ＪＡＬ再建の最大の価値ではないだろうか。

あとがき

致知出版社・藤尾秀昭社長には以前から大変お世話になっており、私がＪＡＬ着任後も折に触れて、励ましていただいていた。その時々に、私は、本書で述べているようなことを伝え、人間の心や意識で、組織が如何に変わっていくのかを話していた。再建が成功した後、藤尾社長から、ＪＡＬ再建の正しい姿を広く社会に伝えるためにも、私の経験を一冊の本にまとめたらどうかとの提案をいただいた。しかし、仕事も忙しく、また私にとっては、思い出すにはやや辛い部分もあり、生々しいところもあったので、お断りしていた。それでも、藤尾社長からは、「あなたが経験したことは、あなたの個人の財産ではなく、社会の財産なので、社会に還元すべきであり、それがあなたの役割だ」と執筆を勧められていた。

数年前、古くからの友人と話しているときに、「オープンにはできないと思うけれど、ＪＡＬの再建には、国から特別な支援がいろいろあったそうだね。そうでないと、あんなことができるはずはないよね」と言われ、驚いたことがある。彼によると、それが世間の常識であり、そうでないと理屈に合わないというのである。法治国家である日本で、そんなことができるはずはないのだが、あまりにも見事な再建だったので、今でも同じように思っている人も多いのかもしれない。

その後、ある会社で話をしていると、新入社員たちが、「ＪＡＬは倒産したことがあるのですか。知らなかった」と話すのを聞き、ショックを受けた。もう、ＪＡＬの倒産や再建も過去のことであり、その意義を語ろうにも、理解できない世代が増えてきているのである。

ＪＡＬ再建は、世界の産業史に残るような出来事であり、当事者の一人である私が、その過程や意義を正しく伝えることは、藤尾社長が指摘されているように私に課せられた役割であり、社会的にも価値がある。そう思い、執筆を真剣に考えるようになった。稲盛さんにも了解をもらい、ＪＡＬの植木会長からも「大田さんが経験し、感じたままを書いてください。楽しみにしています」と了承を得た。

長年巨額の赤字に苦しみ、ついには倒産したＪＡＬは短期間で高収益企業として再生された。それが可能になったのは、稲盛さんという無私のリーダーに途方もなく大きな愛、純粋な善意があったからだと私は信じている。しかし、そのような見方にすぐに納得できる人は少ないかもしれない。そのため、本書では、稲盛さんの経営哲学だけでなく、具体的なエピソードをできるだけ多く交えて説明してきたつもりである。残念ながら、私の稚拙な表現力ではうまく伝えきれなかったことも多いとは思うが、そのなかから、経営する中で、また働き生きていくうえで、何が本当に大切なのかを感じていただければありがたい。

何の実績もない私が、このような社会的意義のある経験や活動ができるのもすべて稲盛さんのお陰である。稲盛さんには、まさに公私とも、大変お世話になった。感謝しても感謝しきれない。秘書として、朝から晩まで稲盛さんを追いかけまわし、自宅を訪れたこともたびたびだった。会議やコンパなどで、厳しく注意されることもあれば、温かく励ましていただくこともあった。いつも私をすべて受け入れていただいた。残念ながら、それだけ長く身近で仕事をしていても、私は人間として稲盛さんの域に近づくことさえできなかった。ただ、稲盛さんから学んだことを伝えることはできる。それが本書である。

ＪＡＬ在任中、日本航空のすべての社員の皆様には本当にお世話になった。着任当時に温かく迎え入れてくれた秘書の方々、最初に激論を交した幹部の人たち、ＪＡＬフィロソフィを一緒に作り伝えた同志たち、再上場を目指し苦楽を共にした仲間たち、機材の価格交渉等で一緒に戦った友人たちなど戦友とも言えるすばらしい人たちと三年間過ごせたのは私の人生の宝である。また、企業再生支援機構や管財人の方々からは、常に適切なアドバイスをいただいた。重ねて感謝申し上げたい。ＪＡＬ在任中は、京セラの仲間だけでなく、学生時代の友人たち、また、驚いたことに同郷の長渕剛さんなどからも、繰り返し励ましていただいた。妻も東京に来ては、身の回りの世話をし、元気をくれた。多くの人の優しさ、善意を感じることができた三年間であった。改めて、感謝したい。

本書の執筆においては、致知出版社の藤尾社長や編集部の小森氏など、多くの方々にお世話になった。重ねて心からお礼を申し上げたい。また、本書の内容を丁寧にチェックしていただいた日本航空のスタッフの皆様にも心から感謝申し上げたい。

二〇一八年　盛夏

大田　嘉仁

JAL 業績推移（2006～2017年度）

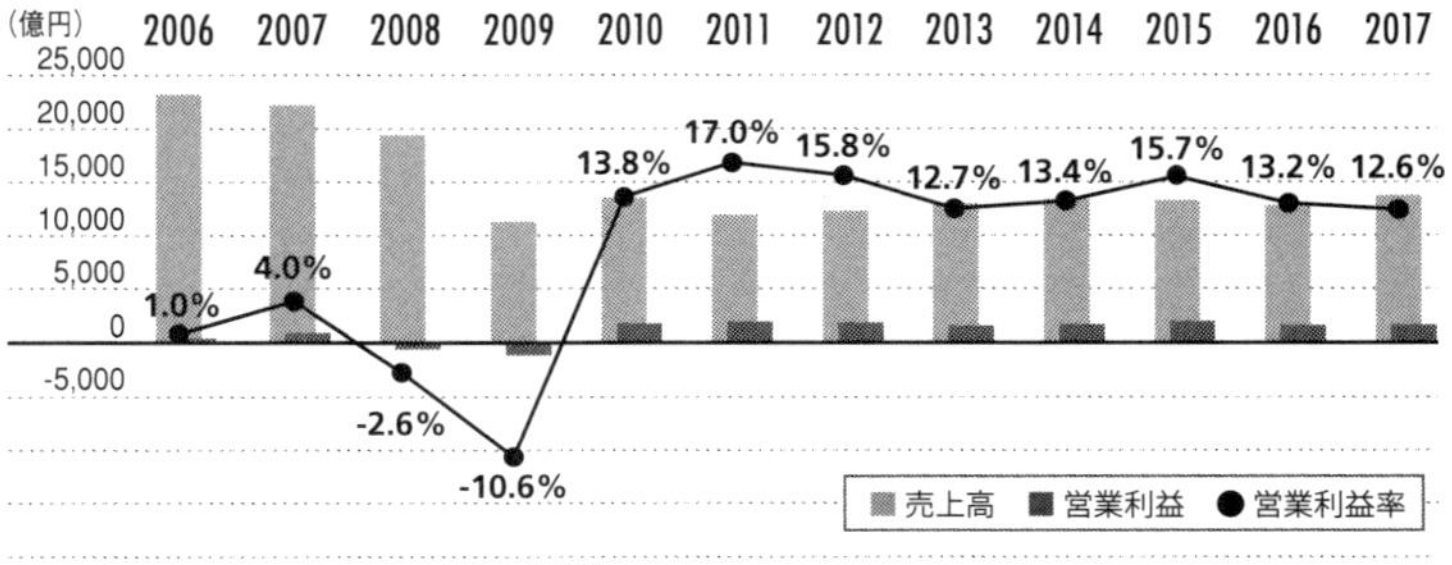

※4～12月期

年度	2006	2007	2008	2009	2010	2011	2012	2013	2014	2015	2016	2017
売上高（億円）	23,019	22,304	19,511	11,448	13,622	12,048	12,388	13,093	13,447	13,366	12,889	13,832
営業利益（億円）	229	900	-508	-1,208	1,884	2,049	1,952	1,667	1,796	2,091	1,703	1,745
営業利益率（%）	1	4	-2.6	-10.6	13.8	17	15.8	12.7	13.4	15.7	13.2	12.6

※4～12月期

※ JALのHPより作成
※ 2009年度は、会社更生法申立により2009年4月～12月期までの数値
※ 2010年度は公表データなどを参考に弊社で推計したもの

〈著者略歴〉

大田嘉仁（おおた・よしひと）

昭和29年鹿児島県生まれ。53年立命館大学卒業後、京セラ入社。平成2年米国ジョージ・ワシントン大学ビジネススクール修了（MBA取得）。秘書室長、取締役執行役員常務などを経て、22年12月日本航空（JAL）会長補佐・専務執行役員に就任（25年3月退任）。27年12月京セラコミュニケーションシステム代表取締役会長に就任、29年4月顧問（30年3月退任）。現在は、稲盛財団監事、立命館大学評議員、日本産業推進機構特別顧問、鴻池運輸社外取締役ほか、新日本科学、MTG等、数社の顧問を務める。平成3年より京セラ創業者・稲盛和夫氏の秘書を務め、経営破綻に陥った日本航空再建時は，意識改革の他、再上場や調達等、多岐にわたり稲盛氏のサポート役を務め「稲盛和夫から最も信頼される男」「稲盛和夫の側近中の側近」とマスコミにも取り上げられた。

JALの奇跡
稲盛和夫の善き思いがもたらしたもの

平成三十年九月二十日第一刷発行
平成三十年十一月十五日第四刷発行

著者　大田嘉仁
発行者　藤尾秀昭
発行所　致知出版社
〒150-0001東京都渋谷区神宮前四の二十四の九
TEL（〇三）三七九六—二一一一
印刷・製本　中央精版印刷

ISBN978-4-8009-1189-6 C0034
ホームページ　http://www.chichi.co.jp
Eメール　books@chichi.co.jp